“抵御外侮——中华英豪传奇”丛书

丛书主编　张海鹏



# 靖海长城

## 关天培

崔萍萍◎著

南京出版传媒集团
南京出版社

**图书在版编目（CIP）数据**

靖海长城关天培 / 崔萍萍著. — 南京 ：南京出版社，2023.8
（抵御外侮 ：中华英豪传奇）
ISBN 978—7—5533—4226—9

Ⅰ. ①靖… Ⅱ. ①崔… Ⅲ. ①关天培（1781 - 1841）—传记 Ⅳ. ①K825.2

中国国家版本馆 CIP 数据核字（2023）第 113734 号

书　　名　靖海长城关天培
作　　者　崔萍萍
出版发行　南京出版传媒集团
　　　　　南 京 出 版 社
社址：南京市太平门街 53 号　　邮编：210016
网址：http://www.njcbs.cn　　电子信箱：njcbs1988@163.com
联系电话：025-83283893、83283864（营销）　025-83112257（编务）

出 版 人　项晓宁
出 品 人　卢海鸣
责任编辑　王绪绪
封面设计　石　慧
责任印制　杨福彬

排　　版　南京新洲印刷有限公司
印　　刷　江苏凤凰通达印刷有限公司
开　　本　787 毫米×1092 毫米　1/32
印　　张　3.75
字　　数　60 千字
版　　次　2023 年 8 月第 1 版
印　　次　2023 年 8 月第 1 次印刷
书　　号　ISBN 978 - 7 - 5533 - 4226 - 9
定　　价　18.00 元

# 编委会

# 总　序

在中华民族的历史上，沿海倭寇的肆意袭扰，西方列强的坚船利炮，侵华日军的烽火狼烟，一次又一次将中华民族推向生死存亡的边缘，给中华民族带来了深重的灾难与难以磨灭的痛苦记忆。中国从一个封建国家演变为一个半殖民地半封建国家。国运危亡，威胁着每一个中国人。

天下兴亡，匹夫有责。抵御外侮，救亡图存，成为面临外敌入侵、民族危亡时中国人思考的第一课题。也正是在这样的危难时刻，中华民族产生出一个又一个舍生取义、矢志报国的英雄豪杰，他们一回又一回地挽狂澜于既倒，扶大厦于将倾。他们的丰功伟绩，不只是单纯地拯救了某个王朝，某个皇帝，而是拯救了整个中华民族的血脉与希望；正像我们的国歌所唱的那样:把我们的血肉铸成新的长城,他们的奋斗和牺牲,把中国的历史命运一次一次推向一个进步的新阶段;他们的高风亮节,不只是中华儿女景仰、学习的榜样,也是人类不屈不挠、英勇抗暴精神的象征。抗敌御侮的英雄事迹,构成了中华优秀传统的新的篇章。

中华民族没有在外敌面前屈服、倒下,而是在一次一次斗争后走向新生,走向进步。作为唯一延续至今未曾中断过的中华文明不断在成长,中华民族依旧傲然挺立于世界民族之林,中华民族的文化传统,不仅没有消逝在历史长河之中,反而发扬光大,成为造就中国特色社会主义的基本历史因素。

为了歌颂中华英豪的爱国精神,为了纪念中国人民抵御外侮的伟大事迹,为了弘扬优秀的传统文化,南京出版传媒集团·南京出版社推出“抵御外侮——中华英豪传奇”丛书。

这套丛书是面向青少年的普及性读物,聘请各有所长的学者撰写,力图用生动活泼的语言,引人入胜的故事,准确的历史事实,努力展现明清以来各个时期抵御外侮的英雄豪杰的事迹,描绘每一位英豪的成长历程和闪光人生，再现了他们人生的不朽光辉。丛书通过这些在抵御外侮中发挥重大作用的英雄人物，向广大青少年表达了中华民族热爱和平、热爱祖国的家国情怀。

如今，我们正走在中华民族复兴的伟大征程之上，国家发展前程似锦，国际地位日益提高，全世界的目光都在转向中国，可以说，今天的中国距离中华民族复兴的伟大梦想，比以往任何时候都更为接近了。越是在这种时候，我们越是要记住为实现中华民族伟大梦想而奋斗、而牺牲的先烈；在我们昂首阔步走向未来新征程的路上，我们更应该居安思危、以史为鉴。历史已经证明：每一段抵御外侮的历史，都是一段维护正义的历史；每一场抵御外侮的斗争，都是一场维护和平的斗争；每一次抵御外侮的奋斗，都是一次为了实现人民美好生活的奋斗，正义终将胜利，和平终将胜利，人民终将胜利。

“抵御外侮——中华英豪传奇”丛书在传播正能量、弘扬爱国主义情怀的同时，提醒我们，在和平时期，抵御外侮的精神同样不可或缺，抵御外侮的英豪也同样不应遗忘，我们今时今日所有的成就与繁荣，离了这种精神、这些英豪，都是万万不可想象的。

“抵御外侮——中华英豪传奇”丛书，不只是为了缅怀先烈，更是为了激励后人；不只是为了铭记历史，更是为了展望未来。

为青少年编写历史小丛书，是一项崇高的事业。20 世纪 50—60 年代，吴晗主编了《中国历史小丛书》《世界历史小丛书》，对当时的青少年起到了历史教育的奠基作用，事实证明是成功的出版经验。我期待南京出版社继起努力，把这个崇高的事业承担起来，拓展开来。为这个崇高的事业投入人力、物力和财力，是会得到善报的，这个善报，不在多少金钱，而在一代一代具有丰富历史知识的青少年的成长，他们将成为国家的栋梁。

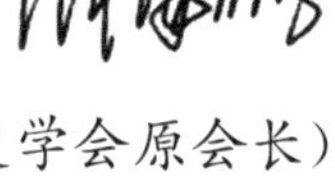

（中国社会科学院学部委员、中国史学会原会长）

# 目录

# 引　言

中国近代史的开端是1840年鸦片战争的爆发。鸦片战争，改变了中国，改变了世界。

在这古今交替之际，在这中西交会之时，历史的车轮滚滚向前，涌现出了一大批英雄人物，这里面既有文官也有武将。文官们，如林则徐，运筹帷幄，直接影响到时局的进展；武将们，如邓世昌，驰骋海疆，为国捐躯。本书的主人公——关天培，就是后者。

关天培是鸦片战争中牺牲的第一位清军高级将领，也是“武圣”关羽的后裔。他用精忠报国的一生，诠释了关羽的忠义门风、家国情怀。他早年寂寂无闻，无甚过人之处，是道光年间的一次海运漕粮事件使他脱颖而出。他也因此走进了道光帝的视野，受到了道光帝的欣赏。鸦片战争前夕，他临危受命，扼守虎门要塞，为防御外敌入侵筑起了一道屏障。他还协助林则徐虎门销烟，两人一文一武、一内一外，大力查禁鸦片。林则徐虎门销烟时，关天培是他的左膀右臂，在后来的虎门血战中，关天培壮烈殉国。被炮火烧焦的躯体魂归故里，同时永远化作悲愤的青烟，守护在虎门的上空。

他虽然不能陪伴在年迈的老母亲身旁侍奉照顾，但他谨遵母训，舍小家为大家，做到了“忠孝两全”；他虽然只是一介武夫，不能立言，但他却用尽一生立德、立功。这就是本书主人公关天培可歌可泣的一生。让我们穿越时空，回望历史，把崇敬的目光投向近 200 年前的晚清，去重新走近关天培。

# 第一章　关羽后裔出良将

## 一、关羽后代

百善孝为先、忠孝代代传，中国人自古以来就特别看重忠孝仁义等美德。一方面，这表达了后代对先人的追思；另一方面，也表明了后代以忠孝仁义的先人为傲。每家每户都希望自己的祖上能有忠孝仁义之人，以让自己这后人为之自豪。

中国文化讲究“文武之道，一张一弛”，有文就有武，文臣武将一直是古代社会治国安邦的两大法宝。古代有文化世家，也有武将世家。提到武将世家，便不得不提关羽以及传承忠孝仁义精神的关氏家族。

关羽

关羽是三国时期蜀汉历史

上最重要的历史人物之一。他的忠孝仁义气节，他在后世传说及戏曲里的形象，让他几乎和诸葛亮一样家喻户晓、妇孺皆知。

本书的主人公关天培，正是来自关羽关氏家族，他为自己是关羽后裔而骄傲。清朝道光十八年，也就是距今将近 200 年前的 1838 年，关天培在广东为一本书写了一篇跋。在这篇跋中，关天培隆重推介了一个人。

这个人是谁呢？此人正是关羽。关天培作跋的又是一本怎样的书呢？此书就是《关帝圣迹图志全集》。

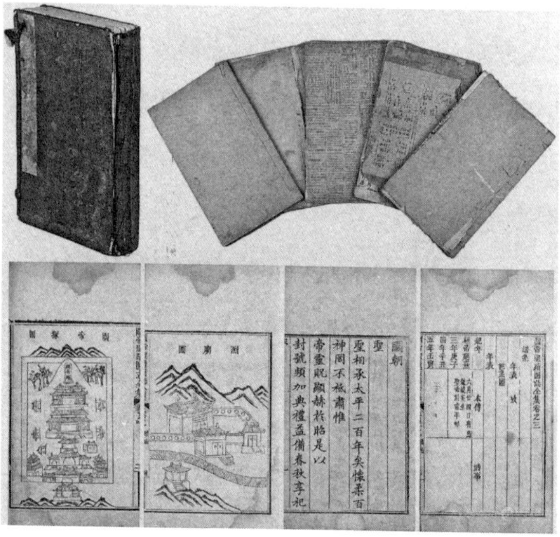

清道光十六年(1836)刻本《关帝圣迹图志全集》

《关帝圣迹图志全集》是一本有关关羽生平事迹的书，因为书中有多幅栩栩如生的版画，所以称其为“图志”，“志”就是记录的意思。关羽被后世誉为“武圣”，所以他的生平事迹便被称为“圣迹”。因此，这是一本有关关羽生平事迹的图文并茂的书。

从关天培的跋文中，我们得知《关帝圣迹图志全集》是关天培镇守苏松（今苏州、上海一带）时获得的。他认真看完后，认为这本书把关羽忠孝仁义的一生大体记录了下来，便把此书当成珍宝珍藏了起来。

清道光十六年（1836）刻本
《关帝圣迹图志全集》插图

鸦片战争前夕，关天培临危受命到广东防守。他看到广东当地没有《关帝圣迹图志全集》这本书，便以他珍藏的那本为原本，在广东刊刻印行。能将《关帝圣迹图志全集》广传于世，使天下万世仰慕关羽的忠孝节义，关天培感到非常高兴。因此，他亲自给这本书写了一篇跋，把《关帝圣迹图志全集》在广东刊刻印行的前因后果交代清楚，顺便表达了自己对先祖关羽的敬仰之情。

在这篇跋文中，关天培说，关羽生于汉末，到他那个时代（清朝道光年间）已经 1600 多年了，历朝历代对关羽屡加册封，以至于关羽尊贵到可以称帝号了。“英灵显赫，正气长存”，关羽在保护国家、保佑人民、抵御灾害等方面很受百姓倚赖。所以，1600 多年来，祭祀供奉关羽的祠堂、庙宇遍布神州大地。在关天培看来，关羽的身后美誉不亚于孔子。

关天培和关羽的关系是跋文的重点。根据关天培的跋文可知，关天培家族这一支是从关羽之子关兴那里繁衍下来的，出自关兴庶子关彝。关彝在抗拒邓艾的战争中为国捐躯，其子关敝感伤于蜀国败亡，以受敕投降为耻，于是离开蜀国，隐居广西信都（今属广西贺州）。之后，关羽后裔式微。

关天培说：“今据世谱考核，天培距帝凡五十六世。”也就是说，从关羽、关兴、关彝、关敝一路下来，到关天培这一代已经是关羽第五十六代孙了。唐朝时，其祖上关播官至宰相，家族始迁出广西，后来历经世道变乱，又辗转迁徙到了陕西。直至关天培八世祖关宝，家族才迁居淮阴。

从关天培八世祖关宝迁居淮阴，到关天培这一代，家族中有名望的人不多，只有一个人被关天培提到。此人是崇祯末年的关永杰，也是八世祖关宝的族子。关天培说他状貌魁梧，神似关羽画像，当时的人都觉得很惊奇。后来他因为抵抗李自成捐躯殉国，关天培称其"忠义殆不堕家风者乎"，认为关永杰捐躯殉国，正是关氏家族忠义家风的传承。

关天培在跋文中说，关氏先世遗留下来的家谱，从关羽以下每一代都记录得很详细，可令人痛心和遗憾的是，乾隆三十九年(1774)黄河老坝口决堤，洪水淹了淮阴城，先世遗留下来的家谱全被大水冲走了。在跋文中，关天培表达了对家谱遗失的遗憾，也表达了自己身为关羽后裔的自豪。他明确表达"吾祖汉前将军壮缪侯"，又在跋文标题中称"恭跋重刊圣迹图志"，在跋文最后落款时写"五十六世裔孙天培稽首谨跋"。"恭跋""稽首谨跋"等词语表明了他毕恭毕敬的态度。此外，在关天培看来，《关帝圣迹图志全集》这本书虽说图文并茂，但绘图有点儿不太严肃，画风颇像传奇故事。关天培虽然对绘图不太满意，却不敢重新画。世人仰慕关羽的忠孝节义，津津乐道于关羽的相关传说，对关羽的五十六世孙关天培而言，他唯恐先祖关羽的事迹失传。综上，绘图上的瑕疵是他可以容忍的。文中的“天培不敢易”“惟惧失坠”均体现了他的这些想法。

从关天培往上，他的曾祖关宏睿、祖父关恕、父亲关自明，人们仅知其名，不知具体生平事迹。这一支能和先祖关羽相提并论的也只有关天培了。他在跋文开头就单刀直入地点出了“忠孝节义”四个字，跋文结尾又两次提及先祖关羽的“忠孝节义”，还说崇祯年间的关永杰“忠义殆不堕家风者乎”。实际上，历史证明，关天培本人正是关羽“忠孝节义”家风最好的传承者、实践者、发扬者。

## 二、早年经历

关天培的一生之所以波澜壮阔、可歌可泣，缘于鸦片战争前夕，他调任广东后的事迹。早年的关天培并无什么特殊贡献，关于他早年经历的历史记载几近于无。我们仅能根据他的同乡兼好友清儒丁晏的《诰授振威将军广东全省水师提督关忠节公传》等材料，简要勾勒关天培的早年经历。

清乾隆四十五年十二月十四日，也就是1781年1月8日，江苏淮安的一户关姓人家，一个男婴诞生了，家人给他取名关天培。晚年的关天培在《筹海初集》这本书里，说自己“幼攻儒术，长习韬铃”，意思是说，他年幼的时候学习儒家经典，长大后研习兵家兵书。这表明，关天培的性格才情不适合传统意义上“学而优则仕”的道路，他薄弱于文，便偏向于武。所以，他长大后研习兵家兵书，也是结合自身特点，给自己量身定制了一条人生发展之路。某种意义上，这也是条有关氏特色的“祖传之路”，不过这条路走起来也不容易。我们来看下关天培的习武之路。



### 小贴士

**韬铃**：中国古代兵书《六韬》《玉铃篇》的并称，相传为西周时期姜太公所作，实际上是战国时期的作品。后世用来泛指兵书，并借指用兵谋略、武将。

因为家境贫寒，成年后的关天培投身行伍，靠军饷糊口。

清嘉庆八年(1803),关天培考取武庠生。武庠生,是古代武科举考试选拔出来的学生,俗称“武秀才”。其长子关奎龙也在此年出生。因此,这一年对关天培来说,可谓“双喜临门”。

关天培便服像

10 年后,嘉庆十八年(1813),关天培破获了一起假币案,抓获私铸钱币的王国英等 18 人;嘉庆十九年(1814),关天培擒获枭匪张万聚等人;嘉庆二十年(1815),关天培破获一起叛逆造反案,捕获严加烈等 25 人。连续 3 年,关天培的表现引人注目,嘉庆二十二年(1817),关天培因为“年壮技优,晓畅营务”被予以举荐,“准其卓异,回任候升”,意思是“确实表现优秀,回去继续好好干,等着升迁的好机会吧”。可谓得到了朝廷的认可。

这之后,关天培一步步升迁。从嘉庆八年(1803)到道光四年(1824),关天培用了 20 多年的时间,从一个零起点武庠生，做到了正三品水师参将。这一年，关天培的次子关从龙出生了。次子关从龙出生后的第二年，关天培迎来了他人生的第一次仕途转折。

“祸兮福所倚，福兮祸所伏”，这次转折在带给他无上荣耀的同时，也把他推向了日后生命尽头的悲情结局。那么，这次仕途转折是什么呢？

# 第二章　漕粮海运扬威名

## 一、河运海运之争

在没有汽车、高铁、飞机等交通工具的中国古代社会，大宗货物靠什么来运输呢？陆路当然可以借助马车、牛车，然而无论是运输数量还是成本，它都比不上水路漕运。所谓漕运，就是通过水道运输物品，水道无非是内陆江河道和海道，物品主要是军用品、商用品和贡赋。漕运，后来成了通过内陆江河道（包括水陆结合）和海道运输粮食给王朝都城的代名词。

大约从魏晋南北朝开始，南方地区自身的发展，加之北人南下，使得中国长江以南的地区，开始在经济上逐渐追赶并超越北方，成为中国国计民生最主要的保障。所以，中国古代社会一般意义上的漕运，主要是南粮北调。

南粮北调，主要依靠内陆江河道和海道。这两条路，古往今来一直并存。总的来说，漕运以内陆江河道为主、海道为辅。这里主要谈谈和关天培密切相关的海道。

### 小贴士

**漕运**：中国古代利用水道（河道和海道）运输粮食、贡品等物资的官方措施，包括河运、海运、水陆递运三种方式。漕运早在秦始皇北征匈奴时就有，主要用来从山东沿海运输军粮于内蒙古一带，后来的大运河，更是中国古代漕运的大动脉。晚清以降，随着西方影响下商品经济的发展，漕运的必要性逐渐降低，光绪二十七年（1901），清政府下令停止漕运。历经2000多年的古代官方漕运，最终退出历史舞台。

漕运海道的历史相当久远。秦始皇北征匈奴时，就从山东沿海一带运军粮到北河（今内蒙古乌加河一带）。西汉建都长安（今陕西西安），每年都将黄河流域所征粮食运往关中。隋朝初年除自东向西调运外，还从长江流域转漕北上。隋炀帝动员大量人力开凿通济渠，连接黄河、淮河、长江三大水系，形成贯通南北的、新的漕运通道，奠定了后世大运河的基础。唐玄宗天宝初年，通过漕运干线大运河调运的粮食每年有 400 多万石。杜甫在其《后出塞》中写有“云帆转辽海，粳稻来东吴”之句，很能说明问题。宋朝初年每年漕运的粮食在 600 万石以上，至宋真宗、宋仁宗时则已达 800 万石。到了元代，元世祖忽必烈在宰相伯颜的强烈建议下，开始大力开辟海上运输，从而开启了漕粮海运的历程。至元十九年(1282)，在罗璧、朱清以及张瑄的统领下，60 艘平底船按期交付，漕运船队从刘家港出发，载 4.6 万石税粮，走浅海水路沿岸北上，于次年 3 月到达直沽(今天津)，又从陆地转运到大都(今北京)，至此，漕粮海运首航成功。

明代只在建国初期实行过短暂的海运。永乐十二年(1414)闰九月，明朝做出停罢海运的决定。永乐十三年(1415)会通河全线贯通。明政府停罢海运，专仰运河一脉。从此直到清朝道光六年(1826)，漕粮基本上都靠河运。

那么，清宣宗道光帝为什么要重启已经罢停 400 余年的漕粮海运呢？原来，当初明朝宋礼议罢海运的一条重要理由是“海运险远多失亡”，但是海运之利也被一并否定了。实际上，内陆河道漕运，问题也不少。有客观地理环境的艰险，也有主观人为的贪腐。最主要的是黄河泥沙冲积造成的河道浅阻、堤坝溃决等问题，朝廷虽然为此耗资巨大，但是屡修屡坏，无法从根本上解决这一难题。罢海行河之后，明清两朝不断有官员主张重启海运，但都没有什么结果。清代漕粮改行海运的奏议很多。康熙年间，有以内陆河道不畅为由倡行海运的；乾隆年间，有以河运耗费大而建议招募闽粤商船海运的。嘉庆年间，黄河屡次溃决，漕运河道更加淤塞，在这迫不得已的情况下，漕粮海运的奏议，终于再次兴起。

嘉庆九年(1804)，一度公开反对海运的乾嘉学派领袖、时任浙江巡抚阮元，因洪泽湖水势低弱不足以冲刷河道，淮安黄淮河口淤塞，江南各省漕船至此动弹不得等原因，不得不转而暗中筹办海运。他的计划是在江南筹集海船 400 余艘，每艘载米 1500 余石，算上装卸等各种成本，每年往返 3 次，可比漕船节省三分之二的运费。可

嘉庆皇帝

是正当商船陆续聚集浙江，准备起运之时，北上的运河又通畅了，阮元计划的一切只得半途而废。嘉庆皇帝本人是倾向于海运和漕运并举以防万一的。嘉庆十五年(1810)，嘉庆皇帝觉得有必要对漕粮海运问题进行重新评估，以便在内陆河道不能使用时，可以采用海运。确实，未雨绸缪、有备无患，是很有必要的；临渴掘井、临时抱佛脚，那是使不得的。

于是乎，嘉庆帝屡次下旨让江浙各地官员试行海运，但从两江总督到江苏巡抚，对推行海运似乎都不热心。两江总督勒保等官员，甚至上奏力陈海运“不可行十二

位于淮安的漕运总督府遗址

条”，大意是海运开销大，风险高，漕运海运并举，徒增机构人手而无实质益处等。嘉庆帝心烦意乱，干脆下令以后不要再谈此事了。这样，呼之欲出的问题又拖到了道光朝。道光时，漕运积弊问题相比嘉庆时更加严重。道光四年（1824），淮安洪泽湖大堤溃决，运道冲毁，运河水势微弱，漕船难行，京师的粮食供应安全受到严重威胁。在这种情况下，不管之前有多少阻止的理由、面临多大的困难，漕粮海运的再次重启，都已经箭在弦上，不得不发了。

此时，问题已经从海运利弊演变为漕粮有无了。道光五年（1825），道光帝眼看内陆运河漕运一年难似一年，迫不得已，要求相关官署试行海运。为了顺利推进海运，他要求两江总督、漕运总督、苏浙巡抚等大员，根据他们各自所辖境域的情况，分别提出相应的试行海运意见。但相关大臣仍以漕粮海运“窒

漕运总督府里的牌坊

碍难行”入奏。因为内陆运河淤塞，两江总督为北运漕粮，特请加拨经费120万两，用军船来接运。但漕运的粮船和驳运军船，还是全部搁浅在防御黄河的各个堤坝之间。道光帝盛怒之下将反对海运又对河运无谋无力的官员全部治罪。

明清广东的海运船舶乌艚船，有时用来运输漕粮

此时，有一位大臣提出了重启海运的意见，他就是户部尚书英和。英和的建议是暂停河运和为了漕运治理黄河的努力，招募海船来漕运。国家承平日久，从江浙到辽海，往来的艰难风险，不亚于内陆河道。现在，如果以商运代替官运，那么一不用造船、二不用募丁、三不用筹价，商运可以很快施行。相比之下，河运的安

置、稽查、事务，全靠官方人手，何况，黄河水灾后堤坝也是阻碍。不变通的话，还有什么计策可以遵从呢？

道光帝于是再次下诏，命令各省讨论。但各省大员互相推诿，都说海运不方便。事情到了这个地步，道光帝终于使出了撒手锏——换人。

为了排除干扰，道光帝特别调遣赞成海运的安徽巡抚陶澍为江苏巡抚。陶澍则委派江苏布政使贺长龄，到上海操持招商、驳运、兑装等事，又亲自雇定沙船 1000 多艘，京师大臣穆彰阿则在天津收验监兑。

沙船

一切安排妥当后，陶澍还需要一支水师队伍，跟随 1000 多艘漕粮船，航行 5000 多里督运，保驾护航。兹事体大，责任重大！陶澍和当时担任两江总督、漕运总督的另一位大臣，对水师督运大员的遴选极为慎重，几度商议，竟难以确定。

## 二、毛遂自荐，一运成名

陶澍和当时担任两江总督、漕运总督的另一位大臣，对水师督运大员的遴选非常重视，为此颇费脑筋。说来也巧，这位大臣不是别人，正是以后接替林则徐担任两广总督、成为关天培上司的琦善。

关于这次漕粮海运的来龙去脉，以及自己的毛遂自荐，关天培在他的《筹海初集》自序中有明确记述。借助他的自序和其他材料，我们大体可以还原出关天培临危受命、不辱使命的整个过程。

陶澍

有的记载中说，当时的江苏巡抚陶澍非常器重关天培，在他的一力举荐下，关天培成为此次漕粮海运的总督运官。这么说，似乎是陶澍的举荐给了关天培这么一次人生转折的机会。然而，我们翻看关天培的《筹海初集》自序，关天培自己说的却是他毛遂自荐、勇于担当争取到的这次机会。

事实到底如何呢？虽然陶澍和琦善在这次人员定夺上慧眼识人，但最主要的还是关天培毛遂自荐。关天培在《筹海初集》自序中说，当时，琦善、陶澍等人商议委派督运大员，“颇难其选。培不避毛遂之嫌，力请身任”。这话说得很明白，琦善、陶澍等人“颇难其选”，表明最终派谁上，他们是很费思量的，正是由于关天培自己的不避嫌，毛遂自荐，“力请身任”，才让琦善、陶澍最终把这一重要任务交给了关天培。

接受这一任务究竟是福还是祸，当时的关天培完全不可预料。一定程度上说，这不是“危机并存”，而是“祸大于福”，毕竟，这可是明清以来停摆400余年的海运重启啊！无论是对清政府还是关天培，这都是陌生而充满变数的一次冒险，是“生命危险和仕途危险”的双重不保险。

关天培在《筹海初集》自序中，说到了这次海运的险情，以及他的“力挽狂澜”。这一路上，“行五千数百里汪洋大海，数遇惊风骇浪。漂入高丽夷境者三百余船，卒皆化险为平”，其中有300多艘船，在惊风骇浪的肆虐下，漂到了外国，不过最终都化险为夷，又完好无损地回来了。等到最后抵达天津，不但漕粮颗粒无失，而且总计各船舵水手30000余人，全都安全到达。这是一个伟大的奇迹。要知道，这可是海运在清朝的开创性首航。

关天培自谦这一切“良由圣天子德隆福厚，海神效灵，岂人力所能致哉”，把功劳归之于皇帝。但由此，关天培的勇气、智慧、胆识、才干表露无遗，众人钦佩。他这次漕粮海运的成功，在运费、时间、安全上，为清政府做出了可贵的探路之功。



道光帝在听闻关天培的所作所为后大喜过望。毕竟关天培此次漕粮海运，实现了他的想法，也算不负这之前的“忍无可忍”。有关功臣各有封赏，而关天培，此次不但进入了道光帝的视线，而且得到了皇帝的赏识。关天培很快就被任命为太湖水师副将；第二年，又被授予苏松镇总兵；五年后，就被任命为江南提督。这一路可谓“火箭式”晋升。

关天培官服像

关天培的晋升速度很快，仅仅六年时间，就连续三次升迁。两年后，关天培又升任广东水师提督，成为一品大员。而最令关天培感到荣耀的是，他在江南提督任上时的某年秋天，进京述职期间，先后五次被道光帝召见，并被授予嘉奖，这在古代社会，是对臣子多大的认可啊。

漕粮海运让名不见经传的关天培一举成名，他从此开始被注意、被重用，随后被调遣到鸦片战争前夕的广东一线。他的人生命运，从此和清王朝的国家命运，紧紧地连在了一起。

此时，55 岁的关天培，比后来与他志同道合的顶头上司——比他小 4 岁、和他一样在广东虎门书写中国近代史传奇的林则徐——早了 5 年到达广东。他不会想到，之后他和林则徐会在广东虎门，为中华民族写下如此浓墨重彩的史诗篇章；他更不会想到，当初给他机会的琦善，之后会和他有怎样的恩仇。

从此，关天培筹海戍边、禁毒销烟、抗御外侮、血战炮台，为这片生他、养他、哺育他的大地，拼尽了最后一丝力气，流尽了最后一滴鲜血。

# 第三章 临危受命守国门



## 一、“狼来了”

中华文化形成之初，是内陆的、农业的、保守的。在经济上，是重农抑商的；在思想上，是倾向于统一的；在军事上，是防御不扩张的。

面对从南到北漫长的海岸线，古代的中国人，没有萌发“面朝大海，春暖花开”的诗意浪漫，而是对变幻莫测、惊涛骇浪的海洋，充满恐惧和遥不可及的想象。

海，在古代中国人的心目中，估计就像天一样，人们敬畏它，但从来不去想如何征服它、利用它。那时人们对海洋的态度多半是有好处便接受，但是抗拒海洋带来的危害。明朝时期的海禁，就是如此。无论是政治上的原因，还是外交上的原因，明朝时期的海禁，都是以国家意志的统一手腕，严格控制当时官方、民间的航海贸易。明朝时的航海特例郑和下西洋，乃是有着暗访明朝第二个皇帝建文帝、宣示皇权正统、显示国威等原因，并不能算是普通的航海出行。

明宣德八年(1433)，郑和病逝于远洋途中。临终时，他说："欲国家富强，不可置海洋于不顾。财富取之于海，危险亦来自海上。"郑和临终前的遗言一语成谶，成为晚清中国的"魔咒"。

入清后，顺治皇帝先后两次颁布禁海令：一次是顺治十二年(1655)，发布"无许片帆入海"禁令；另一次是顺治十八年(1661)，又下"片板不许下水，粒货不许越疆"禁令。《迁海令》规定，山东至广东沿海居民，必须在10—15日内迁离海边30—50里，寸板不许入海，界外房屋村舍一律拆毁焚烧，以暴力制造出一个无人居住区作为隔离带。

康熙帝即位后，基于对台湾郑氏政权的忌惮，继续推行禁海政策，并在郑克塽降清之前一直将滨海百姓迁移到内地。康熙元年(1662)，朝廷下令"通贼兴贩者，即行擒拿照通贼叛逆律从重治罪"。这是更加彻底地切断海内外经济联系的封锁措施。康熙二十二年(1683)，清军攻占台湾，郑克塽降清，清朝实现了全国统一。在此形势下，清政府即派人前往江浙和闽粤，察看沿海情况，以定是否适合重开通海贸易。康熙二十三年(1684)，清朝取消禁海令，并于第二年在广州、厦门、宁波和镇江的云台山四处分别设置了粤、闽、浙、江四个海关，作为征收关税和对外贸易的机构，这是一项可喜的举措。然而，历史并不总是按照我们欣喜的愿望发展，恰恰相反，往往是朝着我们扼腕叹息、深恶痛绝的方向反转。

康熙二十四年(1685)设立的粤海关

乾隆二十二年(1757)，四口通商改为广东一口通商。原因有两点：对内“防范式御民”，对外“恩赐式贸易”。这是和世界潮流大势愈来愈抵牾的退步。然而，当时的清朝从上到下对此浑然不知、茫然不觉。于是乎，“狼来了”！英国的坚船利炮打开了清朝的大门。

康熙三年（1664），只有两磅两盎司茶叶输入英国。这是个什么概念呢？折合算来，也就相当于约一千克。

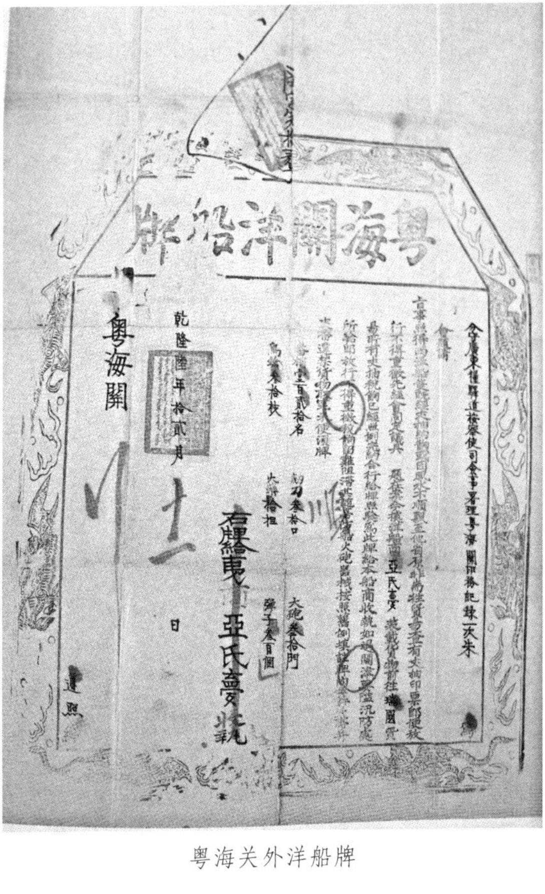

粤海关外洋船牌

而且，这些茶叶是被当成药材用天平称售的。地球上的两个大国，彼此之间的茶叶交易量，只有你我一只手都可以轻轻松松毫不费力拎起来的一千克。

到了 18 世纪中期之后，英国人渐渐以茶代咖啡，下午茶文化渐趋流行。当时，整个英国市场对中国茶叶有着强烈的需求，中英茶叶贸易迅猛发展。到广州一口通商的时候，整个英国每年进口茶叶达 500 万千克之多。

英国家庭品茶情形

不过，买卖就是贸易，贸易就是买卖，总得有买有卖，光有买没有卖或光有卖没有买都不好，这也就是两国贸易上的顺差逆差问题。所以，英国人认为，英国不能光买清朝的茶，清朝也得买英国点儿啥。这才公平，才可长久来往。在当时，英国商人希望用英国的工业品换取中国的茶叶、丝绸等物品。

外运茶叶

英国曼彻斯特的工厂主曾幻想："如果每个中国人的衬衣下摆长 1 英寸，我们的工厂得忙上数十年！"当时清朝有 4 亿人。4 亿人，每人衬衣下摆都加长 1 英寸，加起来就有 4 亿英寸，这是个什么概念呢？用我们今天的话

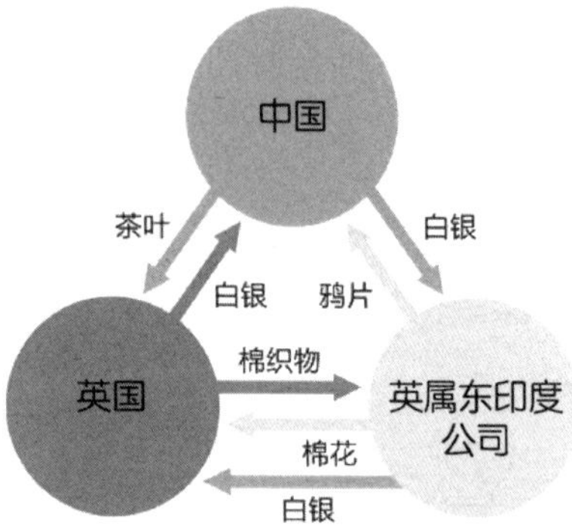

中英印三角贸易关系

来说，有点儿激活需求、扩大消费、拉动经济的意思。可是，资本主义的英国碰到的是小农经济。自给自足的小农经济、国富民穷导致的节衣缩食消费观、因循守旧的文化意识、一口通商的死守限制，都不会让当时中国4亿人，每人衬衣下摆都加长1英寸。因此，英国人的愿景，注定了要落空。英国人只能继续用白银来换取他们所需要的商品。可巨大的贸易逆差，一直用白银支付，是难以为继的。

怎样解决这个令人头疼的问题呢？英国人选择了鸦片。和中国输入英国的茶叶一样，英国输入中国的鸦片，也经历了从可有可无到可有不可无的迅猛发展。乾隆三十二年（1767），英国输入中国的鸦片是200箱，而到道光十七年（1837），英国输入中国的鸦片已经增长到了3.9万多箱。六七十年间，鸦片进口的数量直线上升。吸食鸦片的风气，从普通大众到精英阶层，从民间到皇宫，概莫能外。

在鸦片输入的撬动下，清政府仗着茶叶、丝绸等物品形成的贸易顺差优势很快就一败涂地。一边是清朝的严防死守，一边是英国的扩大出口。矛盾越来越大，对抗愈演愈烈。

## 二、“律劳卑事件”

道光十三年(1833)，英国政府决定设立驻华商务监督，这是由英王派出的代表英国政府管理在华商务的领事。当时，英国政府任命的首任驻华商务监督叫律劳卑。

英王对律劳卑提出了几条要求：一是态度要和气，不要引起中国人的反感；二是以最大努力去调停或劝说英国臣民在华发生的各种纠纷；三是不到万不得已，不可以请求英国陆海军的保护等。英国外交大臣也对律劳卑提出了几点指示：一是到广州后设法直接与总督取得联系；二是设法推广英国贸易；三

律劳卑

是设法与北京取得直接联系但不能采取任何具体行动；四是遵照中国的规章制度，不要把英国兵船开入虎门。

律劳卑到了广东后，就按指示向两广总督卢坤递信，没承想，信却遭到了拒收。其实，卢坤总督拒收书信也情有可原，因为律劳卑的做法不符合当时中国的律例。第一，律劳卑不经允许擅自闯进省城，违反了清朝禁令。第二，广州政府已重申，禁止外商直接与中国官员联系。如要联系，必须通过行商。第三，不允许外国人使用汉语。第四，只有外国人急需和总督商讨重大事件，而中国行商又坚决拒绝转达时，外国人才能亲自携带奏文到城门交给守卫人员，由守卫人员代交。第五，不允许采用平行方式同清朝官员沟通，只能用禀帖。

下面让我们来回顾律劳卑递信给总督的经过。

1834 年 7 月 25 日凌晨，律劳卑带着随行人员无牌进入广州，来到英国商馆，首先在屋顶升起英国国旗，接着他以强硬的态度拒绝行商从中转达总督指示的方式。他越过行商，直接与总督对话。

7 月 26 日，他派秘书阿斯迭带着已经翻译好的信件去了总督府进行投递。按照清朝律例，他们其实不能进城。27 日，卢坤下令历数了律劳卑的违规行为，但是又念其不懂中国法律，特予宽恕。并命令通事与行商前去说服律劳卑按规矩来,如果办不到,通事与行商就会有性命之忧。同日,行商齐聚商馆,向律劳卑提议将封面上总督的称呼稍加修改,并将公函款式改为禀帖。律劳卑只同意修改封面,但不同意修改公函。

律劳卑在中国澳门住过的房子

两广总督卢坤在1834年8月16日下令准备停止

与英商贸易。到了8月26日，律劳卑又雇人在广州各处张贴告示，扬言中国一旦停止贸易，最终受害的会是中国人民。卢坤得知这件事后非常愤怒，在9月2日下令全面终止与英国的贸易，自12日起封仓。这时，关键看道光帝的判断和拿捏了。结果，道光帝并没有带给我们改变历史、改变清朝命运、改变中国轨迹的惊喜。



律劳卑决定对中国以武力相威胁。1834年9月5日，律劳卑派两艘军舰强行开入珠江，并炮击虎门炮台。

道光十四年(1834)英舰进攻虎门

实际上，英人的要求清政府如果不同意，完全可以见招拆招，通过谈判拒绝，用外交方式应对。可是，落后腐朽的清政府不懂得国际惯例，以对待藩属国的高傲态度，粗暴地斥责和驱逐。

“律劳卑事件”对中英双方都产生了极大的影响。对中方而言，英国仅派两艘军舰就轻松进入中国内河，此事件反映出广东海防和广东水师的脆弱，这从当时的外国人对广东的炮台和战船的描述中也可以看出。对英国而言，此事件结束后，英国资产阶级认为用“和平”手段打开中国市场已没有指望，积极鼓吹对华的战争外交。

实际上，道光帝当时虽然恼怒，但他其实也并没有认识到清朝的落后无能，那是要鸦片战争后一而再，再而三被打压羞辱，才逐渐明白的，这种认识是逐渐的、倒逼的，清朝崩溃之时，都还不是彻底的、主动的，遑论道光帝此时呢。因此，道光帝觉得，广东那里的问题，一是地方官风气，二是武备力量。他决定在这两个方面调整加强。

## 三、道光点将守国门

道光帝认为，“律劳卑事件”是广东地方官员渎职导致的。所以，道光帝把专门负责海防事务的广东水师提督李增阶等人革职查办，两广总督卢坤也受到了革职留任、戴罪督办的处理。

因为漕粮海运被道光帝赏识的关天培，在这中外冲突的危难之际，被委派接替李增阶广东水师提督一职。

广东水师提督，是嘉庆十四年(1809)恢复设置的，其衙署就在广州珠江口东岸的虎门寨(今广东省东莞市虎门镇)，负责指挥广东的海防。水师，就是清朝的水上军队，包括内河与海上。当时主要有两支，一支福建水师，一支广东水师。其他沿海省份也有执行水师任务的军队，如水师镇、水师营等。

广东水师提督衙署寨墙

不过，清军水师的任务不是出海作战，而是近海巡逻、守卫海岸。所以，有的书里说，用今天的标准来衡量，当时的水师，算不上是一支正式的海军，大体相当于海岸警卫队。其主要兵力并不是在舰船上，而是驻守在沿海的炮台、关防上。在重要的海防要地，陆上的防守全由水师负责。从嘉庆以后，逐步扩大的对外贸易和日益严重的鸦片走私主要通过广东沿海进行，因而广东水师的地位便逐渐超过福建水师，成为清朝第一水师。

依托海岸据点（明朝是卫所，清朝是炮台）防御来自海上的入侵，可以追溯到明朝。当时沿海建筑的卫所等设施，在抗倭战争中曾起过作用。相比之下，清朝海军炮台和明朝海防卫所，还有很大不同。明朝海防卫所，是小规模的守护工事（具有生活设施和防御功能），大多与海还有距离，一旦有警情，可以躲藏其中，等待大军救援。清朝海军炮台，则完全是炮兵阵地，建在濒海要冲，直接以海防大炮攻击阻挡敌方舰船。在清朝漫长的海岸线上，重点海防区域，如广东的虎门、福建的厦门等地，都设有火力强大的海防炮台和相关守备。而虎门，就是珠江的主要入海口。

虎门，位于今天的广州市和东莞市交界处，虎门海口的西岸是广州市，东岸是东莞市。虎门不是一个点位概念，而是长约8千米的一段珠江水面以及附近两岸的地区。虎门此处水道收窄，易守难攻，是广州的门户，抗拒泛海而来的外敌侵略者，其战略地位是不言而喻的。正因为虎门的这种地理形势和战略地位，明清两代都注重设立虎门的海防工事。18世纪末以来，西方外来人事日益增多，经济上、军事上，都使得虎门海防形势趋紧。

在关天培入粤之前，虎门已经有康熙五十六年(1717)建的2个炮台，嘉庆五年(1800)到二十二年(1817)17年间建的6个炮台，道光十年(1830)建的1个炮台，100多年间总共建有9个炮台。这9个炮台，却都挡不住律劳卑用于保护英国派驻广州商务官员的2艘军舰。

无怪乎道光帝大为恼怒，也可想而知他急于调遣关天培到虎门"重振雄风扬国威"的迫切心情。可以说，关天培这次被道光帝点将授命，其重要性不亚于当年的漕粮海运。只是，这次可不是对内的惊涛骇浪了，而是对外的坚船利炮。

关天培没有让道光帝失望，他风风火火地走马上任，雷厉风行地在虎门开始了"新官上任三把火"。

“第一把火”是未见其人、先闻其风，即《入境告示》中的关天培新气象。关天培火速上任、星夜兼程奔赴广东，在到达韶关南雄后，人还未到省城，便先行发布一个《入境告示》，共计十条，其中前两条为：

一、头接仅准巡捕官一员，戈什哈、目兵各二名，此外不准多派。

二、二接仅准十余人，均在省城伺候，不准远迎。

**小贴士**

**戈什哈、目兵：**戈什哈为清朝高级官员的侍从护卫，目兵为兵卒中的小头目。

这是严禁声势浩大、兴师动众。第三条“官弁概不准擅离职守”；第四条“存营官弁，在汛者于汛界接见，存城者署中接见，一概不准远迎”；第五条“公馆止令打扫，不准悬挂灯彩”；第六条“巡洋官弁，各有专司，不准藉词迎谒，私离洋境”；第七条“衙署不准粉饰修理，铺垫、桌椅不准添备，本军门家丁仅止三人，行李衣箱亦止十件，住房止用三间,亦不准裱糊修饰”;第八条“册面图面,概不许费用绫锦装订”。

这些条款或要求坚守岗位、各司其职,或要求于公于私上的简单节约。从上述《入境告示》,我们可以看得出来,在当时,新到任的官员迎接形式是多么的隆重。正因如此,关天培才会强调他自己到任时一切从简,公私两方面也都厉行节约,坚决杜绝奢靡之风。关天培说这十条《入境告示》,是“预告属僚”“振精神”“涤旧染”,并且在开头说“不谅予心,即是抗违我示。果尔,则莫谓言之不预也”。最后又三令五申强调,“星速通致各营,一体遵照,毋得违误。本军门一秉至诚,毫无虚伪,各宜自爱,幸勿试尝”。

关天培并不是“说一套做一套”。当时顺德有个武官张玉堂,派人给关天培送来洋钱,关天培对此行贿之举大为光火,认为“不遵禁令,是积习已深,罔知振作”,于是建议“此等劣弁,应请即行撤任”“应即撤任查办”“俾各营知所戒惧,不敢效尤。积习冀可渐除,公事方能振作”。可见关天培身体力行、表里如一。

“第二把火”是完善虎门炮台防御体系。关天培在迅速掌握虎门炮台和广东海防情况后,提出了一套较为完整的海防防御体系规划,设立三重门户,防止敌舰穿越虎门，进逼广州。除了这三重门户的建设外，在虎门其他地方，关天培也加强了防备。在新涌炮台前的洋面抛石下桩，以逼来船行驶于炮台的炮火射程内。维修蕉门炮台，用五六千斤的大炮更换原来的小炮，在水面宽处安装品字形手桩五道，使来船不能速行。

修建虎门海防工事

道光十五年(1835)年底，关天培用前后 10 个多月的时间，完成了虎门防御体系的工程。这其中少不了两广总督卢坤的支持。

该防御工程设计精妙，构思奇特，内部还有用三合土砌成的垛墙。尤其是炮台内，不仅建有常规的营房、药局，竟还建有神庙。

## 小贴士

**三合土**：顾名思义，是三种物质合在一起的建筑材料，具体配比各有不同，但其中的石灰不可或缺。明朝有石灰、陶粉和碎石组成的三合土，清朝则有石灰、黏土（或者炉渣）和细沙组成的三合土。利用三合土这种混合物夯打成的土墙，既可以承载巨大的压力，又可以抵御风吹、日晒、水泡，有很好的防御作用。在没有水泥的年代，三合土广泛应用于建筑中。



不过，没有对比就没有伤害。虎门炮台的这一系列改造完善，效果如何呢？在英国的坚船利炮前，有多大的自信呢？这一切，必须要靠实践来检验。

道光十八年（1838），一次小摩擦让关天培自信满满的底气有了些微动摇。当时，英国东印度舰队总司令马他仑，指挥两艘军舰开到了广东虎门口外，停泊于伶仃洋面。关天培见状，下令虎门各炮台加强戒备，并亲赴海口指挥水师船只检查。马他仑直接致书关天培，要求解释广东水师船只的检查行为。随后，英国军舰直逼虎门。

马他仑再次致书关天培，要求转呈公文给时任两广总督邓廷桢。关天培委派将领登上英舰与马他仑交涉，误会解除，英舰遂离开虎门。

英军此次的闯关使广东水师在“律劳卑事件”之后，又一次感受到了英国海军的强大。水师将领还亲自登上英舰，算是目睹了英舰的实际情况。

英国军舰当时是世界之最。面对中英双方战船实力上的巨大落差，关天培心里不能不产生强烈的震动，他也深深地感受到，他引以为傲的虎门炮台还有许多地方急需改进。在此情形下，关天培提出修葺炮台、增设拦江排链，此外还在更新军事装备上下心思，铸造火炮、配制火药。

拦江排链

改进虎门炮台的计划，一开始由于两广总督卢坤反对而搁浅。后来，卢坤卒于两广总督任上，继任者为邓廷桢。此时，关天培重提旧议，当即得到了邓廷桢的支持。

关天培对炮台已有的火炮进行了检查，发现这些火炮良莠不齐。他还查验军火局，“阅验军装、甲械、药弹等项，验得局内有存贮大小生铁炮子，均已锈蚀，全有孔眼，若用以御敌，难期得力。查系康熙十六七等年，由省局领回，自系年久之故”，军火局里居然还有康熙十六七年间的炮弹，可想而知，晚清当时的军事力量有多弱小。

而这一点，就连外国人都看出来了。道光十六年(1836)，在广州出版的英文报纸《中国丛报》，便说虎门炮台使用的火炮是各种长度、各种形式、各种口径和各个时代的都有：

> 其中不少已陈旧不堪，百孔千疮，以致无用，名副其实的海军大炮一门也没有，土炮是用铁铸造的(当时虎门炮台上中国制造的炮多是广东佛山制造的，相对于进口炮，当时的人也叫它土炮)，其炮膛不像欧洲大炮那样钻的平滑；炮架是一种木架，或用藤把炮捆在坚硬固定的炮床上面，因此炮只能直射，极难瞄准任何目标，除非目标就在炮眼前面。虎门周围的炮台就是安装着这种光怪陆离的大炮。由于这

种装备不中用，1834 年有两艘小舰就能够从内河中逃出。如果炮台工作效率高，那两艘小舰应在虎门化为乌有。

海岸炮台的作战方式是用岸炮来对付入侵的舰炮，火炮是其防御能力的关键。因此，关天培当机立断，下令铸造新炮。然而，由于当时清朝火炮铸造技术的落后和制度的腐败，火炮的质量很差，铸成率很低，并且安全事故频发，意外不断。

关天培在虎门，曾多次监督试放制造的火炮。道光十五年(1835)，他监督新铸火炮 40 门，结果在试放过程中，炸裂火炮 10 门，炸死兵丁 1 名，炸伤兵丁 1 名，另外有 5 门火炮还有其他问题。关天培在检查火炮时，发现“碎铁渣滓过多，膛内高低不平，更多孔眼”，其中有一处空洞，“内可贮水四碗”。后来，他又在佛山制造了 59 门新炮，在试放时，又炸裂数门，损坏 3 门，能用的不多。

与此同时，关天培自己也对与火炮相关的技术进行了研究，亲自制定了相应的规范。由于火药的质量直接影响到枪、炮的威力，所以关天培对火药配方非常重视。他对当时普遍采用的传统火药配方进行了改进，所确定的火药配方是硝 80%、硫 10%、炭 10%。这是现在我们能看到的这一时期唯一的火药配方。现在看来，这一配方中的硝含量过高，容易吸潮，不便久放，爆炸效力低，但统一标准使制造和使用有了规范，也还是有其价值和意义的。

总之，关天培在当时的情况下，增强炮台火炮威力的难度是非常大的。为了弥补这一缺陷，关天培除了自行铸造铁炮外，还在林则徐、邓廷桢的大力支持下，购进洋炮200多门，分置各个炮台，以加强防守力量。

关天培的“第三把火”是整顿军务。军备的问题首当其冲，军务的问题也是重中之重。

当关天培刚到虎门时，清兵松弛因循、荒于训练、技艺不精，他觉得必须着手整顿水师。他在给道光帝的奏疏中说：“恪遵圣训，于抚驭外夷，时刻加意。驭服者，孚之以信，狡黠者，慑之以威。并于水路营汛，严整武备。俾夷情不敢纵恣，地方永臻安谧，仰副皇上教诲，栽成于万一。”“夷情不敢纵恣，地方永臻安谧”，这是他的美好愿望，但“水路营汛，严整武备”，关天培的确是说到做到了。

关天培亲自驻扎在炮台督军操练，逐步形成了完整的训练方案。关天培按照作战需要，绘制了不同阵形图，而且附有文字说明，非常形象生动。阵形图有“一统升平”“海洋肃静”等师船水操四种阵式以及“三才阵”“偃月阵”等水军泅水阵，这些名称也许在现在看来“花里胡哨”，让人感觉不太靠谱，但是在当时能够如此认真训练的军队，已经很难得了。

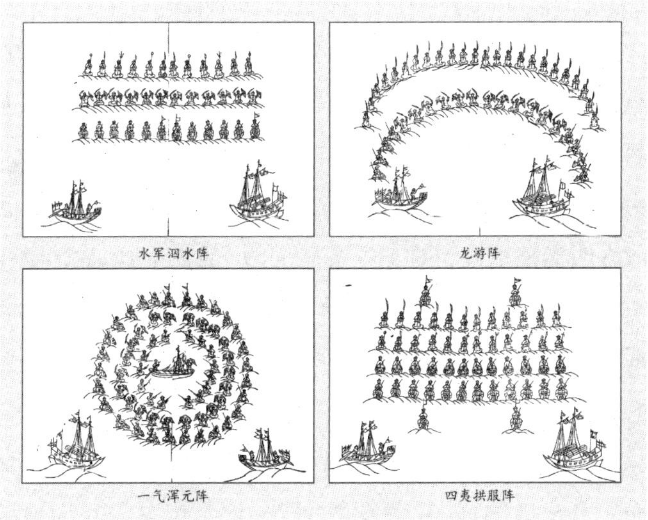

广东水师操练图：水兵泅水阵式

道光十四年（1834），关天培写了《札饬勤加训练稿》，我们仔细阅读其中内容，还会发现关天培整顿军务的一些具体细节。

一是对防守兵丁的要求。派驻防守的士兵，都要训练精湛纯熟，以此振扬威武，而使敌军因恐惧而屈服。派驻防守的文武官员一定要挑选老成有经验的，调拨配给的士兵也一定要挑选强壮勇猛的。要严厉整顿各个驻防官员，认真操练士兵。士兵中有操练精熟的，除非犯了军纪，不然不要轻易更换。可见当时训练有素的士兵并不容易获得。

二是对军备器械方面的要求。各个炮台调拨配给的军火炮械，需要整顿鲜明。对于得力的大炮，应当移到正面较为得力的地方；而对于老旧、较小的炮，则放在两旁。另外，军火器械都应该擦拭明亮。对于应该更换的，要立即查明奏请更换。对于应该加配的，要立即加配以足数。对于火药炮弹，要多准备一些火药、布袋，也应该预先谋划，经常晾晒，以防受潮。这些是军备器械日常维护方面的要求。

三是进行模拟演练。每个炮台有两样东西属于“标配”，一个是垫木，一个是志桩。垫木是用来放在大炮后尾调整炮口高低的，志桩是刻上尺度的木桩，用来判断海水潮涨潮落时的海面高度，这二者结合便可以瞄准海上目标。此外，又制作了炮靶数个，每天在潮水半涨、涨平时演练，看需要用多少垫木。假如有敌船，乘风趁着潮涨时飞驶而来，大炮苗头一对准敌军船头即可施放，就会打中敌人船身。假若敌人船只来势缓慢，则大炮苗头要对着他们船头的桅杆才可以施放。演练时要根据风向顺逆、潮水缓急、敌船速度快慢，酌情考量燃火的快慢。总之，针对各种情况已经采取了模拟演练。

四是爱兵如子的治军风格。关天培提倡爱兵如子，炮台守军采用轮班制，劳逸结合，在军中形成了“官员爱兵如子，士兵视之为父母”的良性关系。关天培特别上书奏请增加士兵军饷和粮食，想方设法为士兵争取利益、解决问题。赢得士兵的爱戴，有利于形成官兵一心、精诚团结的局面。他指出，水师的官兵大部分出身穷苦，养家糊口都难以维系，若是再遭遇变故，挨饿在所难免。当时水师官兵的生活，非常不易。

除了物质食粮，关天培还注意到了精神教育上的需求。关天培看到虎门寨地处偏僻海滨，附近没有村馆乡塾，很多士兵子弟终年无所事事，整日嬉戏闲游，很为他们感到可惜，于是告诉大家，愿意将子弟送去读书的，可到衙门报名，衙门帮忙引送入学。他还说自古建功立业的名将，从来没有不读书的，况且大家年纪还很小，将来前途不可限量，他不忍心看大家这么小就整日闲着，所以才有此举。这可以看出关天培爱兵如子的坦诚之心。他利用虎门关帝庙的两间厢房创办了虎门义学，使地处边远的虎门士兵子弟也有读书求学的机会。“文武之道，一张一弛”，关天培充分体现出恩威并用、宽严结合的治军风格。

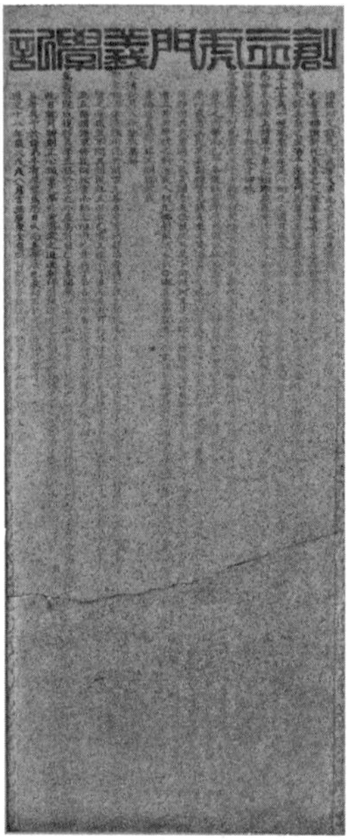

创立虎门义学记石碑

总之，经过几年训练，广东水师的状态和水平确实有了显著提高。道光十九年（1839）九月初五，广东水师在虎门进行秋季操演，钦差大臣林则徐和两广总督邓廷桢亲临虎门检阅，对关天培的治理大为赞赏。

关天培认为人的仁智才华，起源于本性，成于学习，练习后才会更熟练。各驻防官员平日要对士兵多加教导训练，要讲述明白，循循善诱，一定要让士兵理解。士兵知道将领的安排，将领了解士兵的情况，到了事情来临时，才能运筹帷幄，应对自如。（原文："人为万物之灵，必须学而后成，练而后熟。更需各该防弁平日勤加教练，一一讲论明白，循循善诱，务使各兵了然胸中。兵知将心，将知兵情，至临事时，自如身之运臂，臂之运指。"）

关天培到广东后的一系列工作，为之后的广东禁烟抗英斗争做了积极准备。他的老朋友钦差大臣林则徐奉道光帝旨意亲临广东后，两人精诚合作，拉开了中国近代史序幕——波澜壮阔的虎门销烟，而这都离不开之前关天培所做的一切努力。

## 四、传世之作

关天培在虎门所做的一切，虽然都已经“化为云烟”，但所幸还有文字资料集结流传到今天，那就是他唯一的一部传世之作——《筹海初集》。

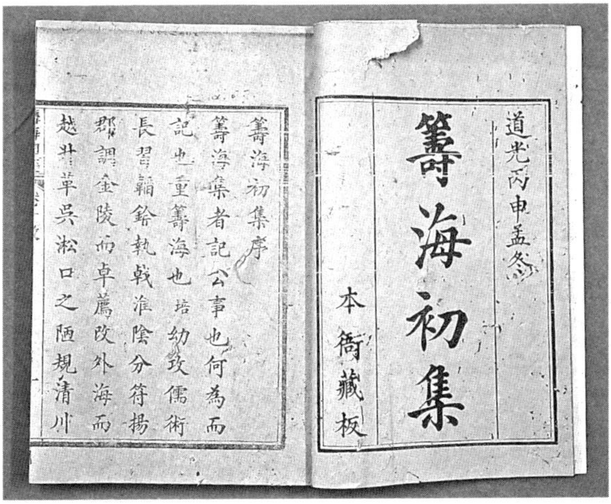

道光丙申孟冬

籌海初集

本衙藏板

籌海初集序

籌海集者記公事也何為而記也重籌海也培幼攻儒術長習韜鈐執戟淮陰分符揚郡調金陵而卓薦改外海而越壯華吳淞口之陋規清川

《筹海初集》书影

有学者说，作为一名武将，关天培为后人所景仰，乃是因为他在鸦片战争伊始的英勇表现和抵抗外敌时视死如归的精神。然而，倘若我们要走进关天培的内心，就不得不去读他的《筹海初集》，唯有在这里，我们才能够真切地和关天培对话交流，读懂他尽职尽责筹海报国的苦心和决心。

《筹海初集》一开卷，是十余幅炮台图，画得都很简陋。可想而知，当时炮台的具体情况并不复杂。

《筹海初集》中的清十台全图

随后是“恭录上谕四道”，这四道谕旨都是道光十四年(1834)九月颁布的。初三两道，初四一道，十一日一道，可见形势之紧张急迫。初三和十一日的两道较长，分别讲述了“律劳卑事件”的经过、广东水师提督李增阶和两广总督卢坤的革职查办。另外两道仅有两三行字。一道补授关天培广东水师提督。另一道要求关天培即刻上任,可见道光帝心情之迫切。

简单来说,《筹海初集》是关天培在道光十四年(1834)到十六年(1836)间的广东海防文件汇编,全书共4卷,约13万字,附图28幅,内容包括改进炮台、整顿士气、加强海防的系列举措、章程制度、奏疏档案,记录了关天培在广东水师提督任上,积极备战之余筹备广东海防的艰辛历程,真切记录了关天培的军事思想、具体做法和实践成果,给后人留下了晚清中国军事思想、军事技术的第一手资料。我们还可以从中间接地了解一些鸦片战争前夕广东防守和中英交涉的情况,此书也是研究鸦片战争的宝贵史料。

由于时代所限,《筹海初集》的部分内容也存在不足。

关天培在《筹海初集》自序里说:

备御之筹诚不可刻缓,而驭夷之要更不可不晓然,使吾人之有以尽知之也。历稽往籍,自古圣王之于四夷,其犯顺也,则严御之,去不穷追,其纳款也,抚之以恩,去则不问。盖蛮夷之性,譬之禽兽,适其欲则摇尾乞怜,违其愿即狂顾反噬。其同类也,势均则相争，不知礼义；力绌则相屈，不羞服属。惟当顺其所利而因以制之，非礼乐法度所可驯服而绳约者，所谓治之以不治耳。故御之之道，守备为本，以逸待劳，以静制动，严防出入，禁绝内奸，震之以威则惧而逸，示之以怯则骄而聚。若抚之有道，处之有法，上可体圣心之无外，下可使桀犷以咸宾。然必寓经营于镇静之中，虑祸患于未萌之日，此备御之所以不可刻缓者也。培莅任以来，如临如履，凡思虑所能及、力量所能到、事之所能力肩者，莫不次第举行，期于有备。



大体意思是：对外敌防御的筹备，确实不可以等，而驾驭敌人的方法要道，更不可以不通晓。翻看史书，自古以来，圣王对于周边国家，它们侵犯不依顺，便严密防御，逃去不必穷追；它们降服归顺，便用恩德抚恤，离去也不必过问。敌人的秉性好比禽兽，满足它的欲望就摇尾乞怜，违背它的意愿就回头反咬。它们同类之间，势均力敌便互相争斗，不知礼义；势力虚弱便彼此屈服，不以降服为羞耻。因此，应当顺着它们想要的利益而控制它们，它们不是礼乐法度所可以驯服约束的。所以，驾驭它们的方法，防守防备是根本，以逸待劳、以静制动、严防出入、禁绝内奸。用威严震慑，它们就恐惧而逃逸；显示出胆怯，它们就骄横而聚集。若是抚恤它们得当，处置得法，上可以体现圣心无内外之别，下可以使它们都来宾服。但这一切必须不动声色地进行，防患于未然，这就是防备防御不可以等的原因。我上任以来，战战兢兢，如临深渊，如履薄冰，凡是我能想得到的、力量所能达到的、事情所能肩负的，莫不依次进行，以期有备无患。

在古代，这么做也许是可行的。但在近代，“外面的世界”早就不是传统意义上的“四夷”了。近代西方国家在思想文化和科技等方面都获得了较为快速的发展。经过文艺复兴和启蒙运动，形成了以民主和科学为中心的近代西方文化价值观。随着科技的发展，西方社会的生产力有了提高，早期资本主义萌芽也相继产生，最终社会经济取得突飞猛进的发展。

这是关天培做梦都想不到的，也是当时整个清朝上下浑然不觉的。所以，我们看关天培这一番措辞认知，虽然义正词严，但实际上全然不知对手底细。我们敬佩关天培的浩然正气，我们也悲叹关天培的徒劳无益。尽管关天培正像他自己所说的那样恪尽职守、鞠躬尽瘁，但这一切都注定了将是悲剧。

作为从未接触过近代军事理论的古代社会旧军人，

虎门炮台的总设计师关天培,包括林则徐等晚清官员,不可避免地有着时代的局限性。

在《筹海初集》中,关天培详细地阐述了部署广东虎门海防“三重门户”的防御设想。如果应对普通的海盗或者古代的军队,这是一个完整的、严密合理的作战方案。但如果来侵的是一支近代化军队,这“三重门户”就不堪一击。虎门海口的防务规划和虎门炮台的巩固设计,以当时西方人的炮台设计标准来衡量,都有不足和缺陷。

关天培是根据道光十四年(1834)律劳卑来犯虎门之时的经验制定的这一体系,其实质是重在防御、轻于进攻,步步为营、层层堵截,防止敌舰闯入虎门。可是,如果敌舰不是直闯虎门,而是直接进攻炮台,那么,所谓的“三重门户”,就成了三重互不相连、孤立无援的据点了,缺乏紧密联系和互相支持,炮台之间也缺少隐蔽的交通线路,很容易被各个击破。在英国人的眼中,清军炮台的设计尚处于比较幼稚的阶段。事实证明,后来的鸦片战争中,英军采取的就是逐个进攻炮台的作战方针。在这样的对抗中,被清王朝视为钢铁长城的虎门防卫体系,缺陷和弊端暴露无遗,虎门三道防线被英军轻易攻破占领。

# 第四章　功高靖海长城倚

## 一、虎门销烟

虎门销烟，是第一次鸦片战争的导火索。关天培和比他小四岁的老朋友林则徐相辅相成，共同走到了历史的台前。林则徐的英名世人皆知了，关天培和林则徐的

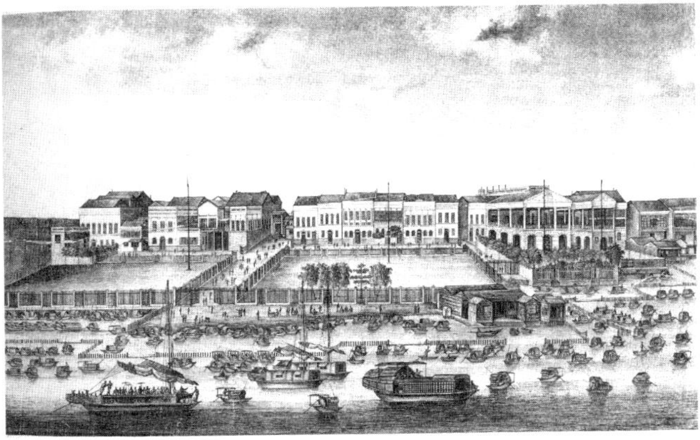

围馆封仓

“三观”高度一致，这也是两人在虎门销烟中配合得那么好的根本原因。

关天培上任广东水师提督后，参加的禁烟斗争可分为两个阶段。第一个阶段是林则徐来之前，关天培在两广总督邓廷桢的领导下进行的；第二个阶段是在林则徐来之后。我们且来看下，在林则徐来之后的情况。



道光十九年(1839)三月十日，钦差大臣林则徐到达广州，中国近代史上规模最大的禁烟运动拉开了序幕。

三月十八日，林则徐郑重宣布了他的禁烟决心，“若鸦片一日未绝，本大臣一日不回，誓与此事相始终，断无中止之理。”他要求外国商人三天内必须保证：第一，将已运送到中国的还未卖出的鸦片，尽数交官；第二，出具甘结，声明以后永不带鸦片来华，如有带来，一经查出，自愿“货尽没官，人即正法，情甘服罪”。

## 小贴士

**甘结**：中国古代交给官府的一种画押字据，相当于保证文书，表示愿意承担某种义务或责任，如果不能履行诺言，甘愿接受处罚。

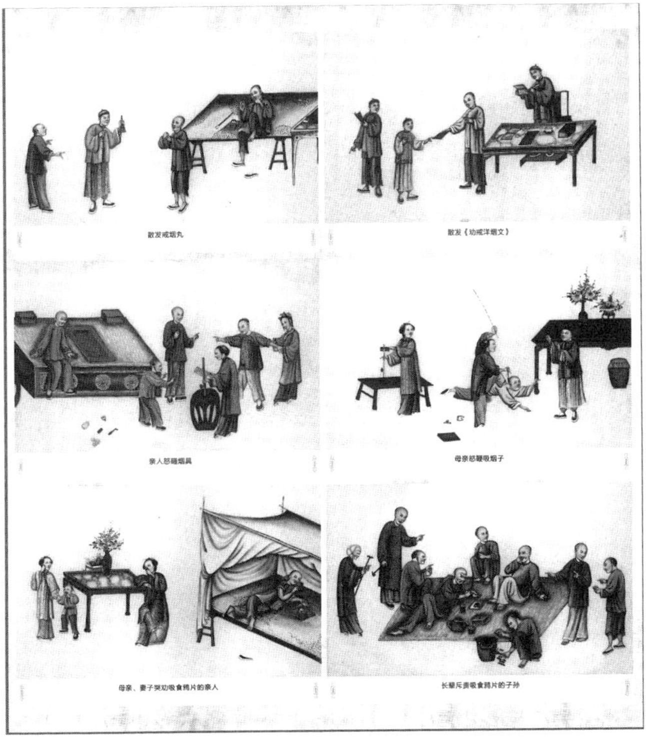


民间禁烟连环画

如此雷厉风行的铁腕措施，只靠林则徐一个人的决心和意志是肯定不够的，必须有上下一心的贯彻执行。林则徐一到广东就给了关天培特殊的信任，将他视为左右手，依靠他去落实各项部署。

事实也证明，关天培没有辜负林则徐的厚望和嘱托，他殚精竭虑，全力以赴，以其出色的工作，克服了种种困难，圆满地完成了禁烟的各项任务。可以说，林则徐禁烟的成功和关天培的积极努力，有着密不可分的关系。

《同治山阳县志》记载，“钦差大臣林公则徐威略素著，与天培尤协力”。从1839年3月18日到6月3日，官府收缴22艘趸船鸦片，总计2376254司马斤，约2874316.8斤。林则徐、关天培两人密切协作，一个是优秀的统帅，一个是有力的执行者，一文一武，配合十分默契。



### 小贴士

**趸船**：无动力的矩形平底船，通常固定在岸边，作为浮码头使用，用于装卸货物。初创于英国，名为“水上仓库”。鸦片战争前，英国商人利用趸船走私鸦片，每艘可装载1000箱左右，中国商人凭借提货单取货，自雇快船运回广州，然后转售。

1839年6月3日，中国近代史的重要事件虎门销烟开始了。一共持续了22天，到6月25日才结束。

收缴鸦片的龙穴岛

虎门销烟现场的组织和警卫工作，都由关天培负责。现场观看的外国人，如美国传教士裨治文、卫三畏，均在事后对此予以了描述。裨治文说，“他们在整个工作进行时细心和忠实的态度，远出于我们的臆想”。卫三畏说，“鸦片是在最彻底的手段下被销毁的”。由此，可以窥见虎门销烟当时的基本情况。

监督完销烟后，林则徐和关天培一同起草了奏稿《会奏销化烟土一律完竣折》，世人瞩目的虎门销烟宣告结

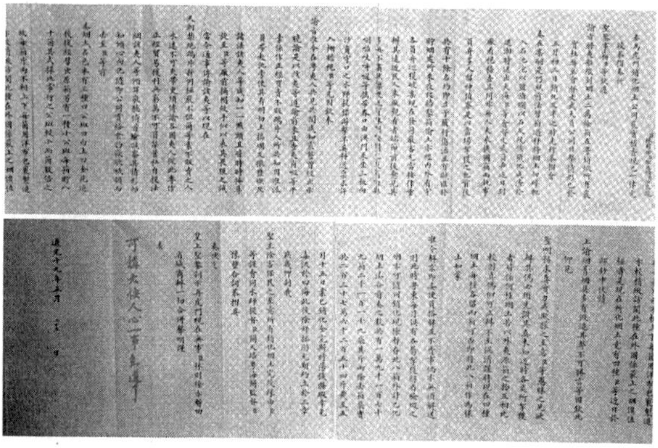

《会奏销化烟土一律完竣折》



束。道光帝看后非常高兴，批示说“可称大快人心一事”。

禁烟销烟，远不仅是对付鸦片贸易走私这么简单，势必还会牵涉到英国商人和英国政府的相关利益。因此，更大的挑战和危机，是面对现实中英国官方的回应和挑战。而此时的林则徐，按照中国过去和英军接触的经验以及获取的相关信息，认为清军与英军海上作战是敌强我弱，但到内河和岸上作战是我强敌弱。

林则徐在给道光帝的奏章中说，英国人的军队，虽然船坚炮利，但兵船笨重，吃水深，在外洋作战可显其长，到内河则运掉不灵，因此，必须花钱雇人带路，难以发挥作用。英兵除了枪炮厉害之外，击刺肉搏，均非所长，而且

虎门销烟

其腿脚裹缠，不能屈伸，因此，如果到了岸上，中方必胜。

基于这一判断，当时的林则徐并不惧怕英军的挑衅。

## 二、前哨战

1839 年 7 月 7 日，英国水手在我国九龙打死中国村民林维喜。中英双方在如何处理涉案当事人问题上无法达成共识，于是，林则徐在 8 月 15 日，命令关天培指挥广东水师封锁海域，禁止英人食品及商品的运送，撤出中方买办、工人、仆从。而英人在向英属印度总督求救后，载炮 28 门的英国军舰"窝拉疑"号很快来到广东海面，外交冲突开始逐步升级为军事冲突。

由此，接下来将近一年的时间，在鸦片战争正式爆发之前，中英双方已经断断续续进行了至少三次前哨战。

比如1839年9月4日的九龙之战，持续四个多小时，中方欧仕乾等二人阵亡，英国商务总监义律乘坐的“路易莎”号则被一发炮弹击中。

关于战争的经过和结果，林则徐在奏折中有着精彩描述，“我兵伤毙者二名，其受伤重者二名，轻者四名，皆可医治。师船间有渗漏，桅篷亦有损伤，均即赶修完整。嗣据新安县知县梁星源等禀报：查夷人捞起尸首就近掩埋者，已有十七具。又渔舟迭见夷尸随潮漂淌，捞获夷帽数顶。并查知假扮兵船之船主得忌喇士，手腕被炮打断。此外夷人受伤者，尤不胜计”。这是林则徐被前线奏报隐

中国九龙炮台

瞒的结果，与实际情况并不相符。

一个叫亚当·艾姆斯利的英国人后来也写道：“我们在偏弦上的时光是不快活的，如果不是中国船的炮火不够充足，就不会有人生还来叙述这幕历史了。”不过，义律上报的关于此战的报告称，他所带领的“窝拉疑”号军舰任务是防御中国方面的攻击，并不是想和中国军队进行你死我活的战斗。

英军购买供应品时遭到清军的阻挠，便向清军驻防帆船开火，清军帆船和炮台也进行了还击。经过将近半小时的射击后，英军因缺乏弹药选择了撤退。因为此次来之前，义律并未想过要与清军大规模开战，也从未想过要对付清军，所以并未准备大量弹药。

九龙之战，是中英鸦片战争的第一滴血，但不算军事进攻，只是双方的冲突，双方并没有真正进行较量，也远远没有展现出中英双方军事实力的对比。

再比如穿鼻之战。这次战斗，是关天培亲自指挥水师舰船并参战的第一场抗击英国正规海军的战斗。

1839 年 11 月 3 日，英舰“窝拉疑”号和“海阿新”号挑衅，同中方发生了面对面的交锋并突然袭击。当此危急时刻，关天培临危不惧，执刀挺立桅前，指挥各船开炮回击，协力进攻。关天培乘坐的主力舰上，有 3000 斤铜炮，威力极大，只几炮就击中了“窝拉疑”号的船头，另一艘英舰“海阿新”号，因为水位太浅，未能向前助战。“窝拉疑”号上的一个英国士兵描述当时的情况说：“水师提督的战船和其余几只船，据着原地，猛力对我方进攻，实在出乎我们的意料之外。从距离来看，中国的炮和火药是很好的，只不能自由地上升下降，炮弹太高，多无效果，只有少数落于船桅和索具之上。”

穿鼻之战

但根据英国方面的记载，穿鼻之战中清军并不占上风，有 3 艘清军战船被击沉，1 艘战船的火药舱被击中而爆炸。而英军战舰仅受了点轻伤，英军也没有人员伤亡。由于英舰的突然袭击，中国水师这次阵亡 15 人，损失惨重。但关天培沉着冷静，官兵们同仇敌忾英勇作战，克服了武器装备上的劣势。就连关天培的对手义律，对他的勇敢无畏精神也很敬佩。义律在写给当时英国外交大臣巴麦尊的信中是这样叙述的："水师提督的行为无愧于他的职务，这样说是公正对待一个勇敢的人。"

而林则徐，更是详细地描述了战斗中的关天培，"该提督亲身挺立桅前，自拔腰刀，执持督阵，厉声喝称：'敢退后者立斩。'适有夷炮炮子飞过桅边，剥落桅木一片，由该提督手面擦过，皮破见红。关天培奋不顾身，仍复持刀屹立，又取银锭先置案上，有击中夷船一炮者，立即赏银两锭。"

道光帝后来看到穿鼻之战的战报时，也十分感慨，对关天培的勇敢精神、勇猛胆魄十分赞赏。道光帝在奏折上的"该提督亲身挺立桅前"字样旁边写"此次攻击夷船，提督关天培奋勇直前，身先士卒，可嘉之至"，又从高级将领安全的角度说，"他不应如此，恐失他的身份和应有的尊严"。

又比如官涌之战。据林则徐奏报，1839 年 11 月 4 日至 13 日，英舰先后六次向官涌山发动进攻，都被击退，其中参战的有"甘米力治"号等英船。而英方对此事却没有任何记载，只记载停泊在我国香港一带的英国船只移往铜鼓时，于11月13日在官涌遭到清军炮击。这段时间，广东海面有“窝拉疑”号、“海阿新”号和“路易莎”号三艘英舰，从林则徐奏折来分析，这三艘英舰并未参战。可以说，无论此次事件的真实情况如何，官涌之战都不是英军与清军之间的真正对抗。

在鸦片战争正式爆发之前，中英双方断断续续进行的这三次前哨战有什么影响呢？对清朝和道光帝来讲，影响在于它给了道光帝禁烟抗英的“自信”。

九龙之战后，道光帝接到林则徐奏报，异常兴奋，在奏折中加朱批说：“既有此番举动，若再示以柔弱，则大不可。朕不虑卿等孟浪，但戒卿等不可畏葸，先畏后德，控制之良法也。”

孟浪，是指鲁莽和轻率；畏葸，是指胆怯和害怕。道光帝的意思是，我方既然如此威武，如果再继续向对方表示柔弱退让，是大可不必的。他现在不担心林则徐、关天培他们鲁莽和轻率，反而要提醒林则徐、关天培他们，不要胆怯和害怕，先让英军畏惧我们，再对英军以德安抚，也就是先兵后礼，他认为这才是控制对方的好办法。

除了上面的三次前哨战，关天培还指挥广东水师舰船，不时袭击严打英国船只。比如1840年2月29日夜，在关天培的策划指挥下，广东水师兵分四路，出其不意，乘风抛掷喷筒和火罐，围歼贩运鸦片烟和接济食物的内奸船，一举烧毁的以屠牛换烟土的大海船和运鸦片的艚船共达 23 只，生擒内奸 10 人。3 月 2 日，关天培给林则徐写信，汇报了战况，林则徐非常高兴，认为“此次烧毁办艇，甚为痛快，不独寒奸之心，亦落顽夷之胆矣”。6 月 8 日，广东水师 400 多名兵勇暗中埋伏，夜半月落时候，合力火攻，但没有英国军舰被焚烧，只有一艘帆船触礁，此外延烧奸民办艇 11 只，活捉内奸 13 人。

综合来看，关天培和广东水师的上述防卫、抵御、出击给英国人留下了深刻的印象。鸦片战争开始时，英国人之所以不首先攻击虎门，而是北上寻求攻击目标，是因为英军有自己的战略意图，即避开难啃的硬骨头，避免可能的伤亡，同时北上考察、施压。

就在虎门销烟后不久，1839 年 9 月 15 日，关天培的长子关奎龙英年早逝了，年仅 37 岁。关奎龙当时已是江南苏松镇参将，正三品，且去世之前，兵部已经任命他为京口副将，从二品。遗憾的是，关奎龙并没有等到这一纸任命文书的送达。关奎龙生有四子，分别是关佛保、关福保、关祖保、关仙保。令人悲哀的是，后来，关佛保和关福保也都早卒。

关天培听闻关奎龙去世，悲痛不已！但他既没有提回家的事，也没有对外说半个字。白发人送黑发人，是对重视家庭亲情的中国人，最残酷的打击之一。关天培以国家利益大局为重，坚守前线，泣血隐忍。

所以，我们不能仅瞩目宏大叙事下的民族英雄关天培，我们还要注意微观情景下家国情怀的关天培，这两者的兼顾结合，才是完整的有血有肉的关天培。

# 第五章　以身殉国成伟节



## 一、大战前的硝烟

中英两国的外交关系，因为禁烟销烟的博弈，逐步从商业外贸层面上升到了国家军事层面。面对中方的反应和举措，英国最终决定以武力解决问题。

1840 年 4 月 9 日，英国议院通过了出兵中国的议案。30 天之后，数艘英军炮舰开到了中国广东虎门外海。6 月 21 日起，由英国海军司令伯麦率领的舰队，也先后到达广东海面。

伯麦

其中，炮舰有载炮 74 门的“威里士厘”号、“麦尔威厘”号、“伯兰汉”号，载炮 28 门的“康威”号、“鳄鱼”号，载

英国上议院

炮20门的“摩底士底”号、“卑拉底士”号、“宁罗得”号、“海阿新”号，载炮18门的“巡洋”号、“哥伦拜恩”号，载炮10门的“拉呢”号、“阿勒琴”号，以及“响尾蛇”号、“进取”号、“皇后”号、“马达加斯加”号运兵船，连同21只运输船，载着4000名分别来自爱尔兰皇家第18团、第26团、第49团的士兵和由孟加拉、马德拉斯两地供给的孟加拉志愿军、炮兵队、工兵队士兵。

6月22日，英国海军司令伯麦，从“威里士厘”号上发出公告，“现奉英女王陛下政府命令，本司令特此公告：从本月28日起，对广州入口所有河道港口一律进行封锁”。改变清朝和中国历史命运的第一次鸦片战争正式爆

英国在印度殖民地的马德拉斯部队

发了。

1840 年 6 月下旬,英军全部舰船在广东海面集中后,除留下"都鲁壹"号、"窝拉疑"号、"海阿新"号、"拉呢"号、"马达加斯加"号封锁虎门海口外,其余舰队相继北上。既一路考察中国海岸线,又向清政府施加压力,试图逼迫清政府就范。

在英军主力北上后,关天培并没有放松懈怠,而是积极备战。

首先,他想方设法增强虎门炮台的火炮,在林则徐的支持下,紧急从中国澳门等处购买西式大炮,装备到虎门炮台,使虎门炮台的火炮达到 306 门,另加师船 10 艘、火炮 120 门。这样下来,此时的虎门,共计有火炮 426 门,虎门地区的兵员和火炮数量,超过中国沿海的各防区,位

清军购买的西方铁炮

居第一。

其次，严厉整饬军务，严明纪律，严格训练。他奏请林则徐同意，惩处表现不佳的将领，以振作水师的士气，对于一般过错的水师官兵，则酌情从轻发落，从宽处理，让他们在今后的战场上戴罪立功。

再次，做好战前准备，鼓舞广东水师保持高涨的战斗精神。例如在关天培参与制定的《剿夷兵勇约法七章》中，特别强调“破敌首重胆气，胆大气盛者必胜”，认为“夷兵船虽长若干丈，尔等不必看得他长；虽有大炮若干门，尔等不必畏他炮多而大”。这对于整齐军心、强化斗志，有积极作用。1840 年 8 月 19 日，关天培指挥广东水师官兵，在狮子洋上开始大规模联合演习，试放各类火炮，抛掷火球火罐，以及演练爬桅跳船各种技能。整整两天，关天培特邀林则徐亲临检阅。看完演习后，林则徐对广东水师的高昂士气非常满意，他说：“每日皆阅两操，若以纪律绳之，未必尽合，然争先向往之慨，似亦足张我军。且由桅上过船，较之缒而蹬者，奚啻霄壤。毕竟澎海人习于翻墙之技，或可使英贼胆寒也。”

1840 年 8 月 9 日，北上的英军在攻击厦门、占领定海后，到达了天津白河口。在军事压力下，道光皇帝将战争爆发的责任归咎于林则徐办事不力，决定让直隶总督琦善代替林则徐。

## 二、大战前的悲怆

1840 年 10 月 3 日，道光皇帝下令将林则徐撤职，改派琦善任两广总督，前往广东主持和谈。琦善就是关天培当年毛遂自荐主持海上漕运时，任用他并改变他人生命运的人。

这一次，两人的人生再次发生交集。只不过两人的

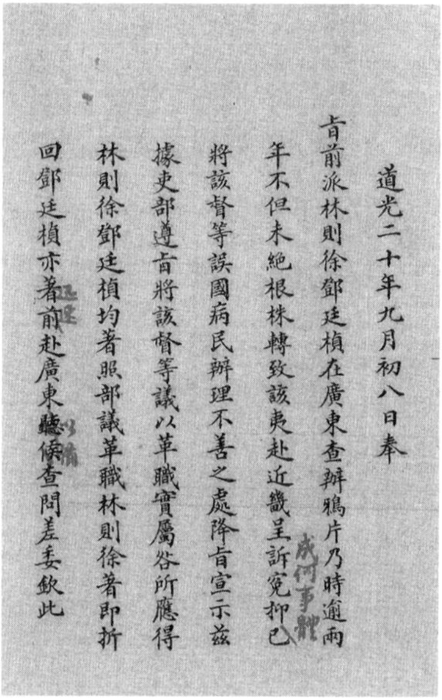

道光二十年九月初八日奉
旨前派林則徐鄧廷楨在廣東查辦鴉片乃時逾兩
年不但未絕根株轉致該夷赴近畿呈訴冤抑已
將該督等誤國病民辦理不善之處降旨宣示茲
據吏部遵旨將該督等議以革職實屬咎所應得
林則徐鄧廷楨均著照部議革職林則徐著即折
回鄧廷楨亦著前赴廣東聽候查問差委欽此

将林则徐、邓廷桢“革职”在粤“查问差委”的谕旨

立场和前一次不同了。上一次，是皆大欢喜。这一次，是两败俱伤。

1840 年 11 月 29 日，担负着谈判使命的琦善抵达广州。5 天后，琦善正式接替林则徐，担任两广总督。1841 年 1 月 7 日上午 8 时，回到广东海面的英军不满意所得到的答复，认为琦善没有兑现之前所答应的条件，于是对虎门第一道防线发起进攻，兵分两路，袭击虎门的第一重门户——江东岸的沙角炮台和江西岸的大角炮台。两队英舰分别从正面炮击沙角炮台和大角炮台，陆军参战部队则绕到两炮台之后，配合海军同时发动进攻。

攻击大角炮台的英舰“哥伦拜恩”号、“萨马兰”号、“摩底士底”号、“都鲁壹”号，在同大角炮台的炮火对攻中，将大角炮台前后灰沙炮墙轰坍数段，大角炮台中的火药局也中弹焚毁，并燃烧兵房 14 间。英军见炮击得逞，立即强行登陆，从大角山后沿山而上，从墙缺处打进炮台。守台千总黎志安见大势已去，在指挥官兵把 14 门好炮推落海中后，突围撤出炮台。英舰集中炮火击毁了水师船 10 只，抢去拖船 2 只。沙角炮台、大角炮台和虎门各炮台之间的联系，被完全切断。



### 小贴士

**千总**：清代营兵编制，营以下为汛，由千总、把总统领，千总为正六品武官，把总为七品武官，是武职中的下级，位次于守备。

在向大角炮台进攻的同时，另一路英舰“加略普”号、“海阿新”号、“拉恩”号，前进到沙角炮台的正面，轰击炮台，吸引守军，其地面部队共 1000 多人，在炮台侧后大约 4 千米的穿鼻湾登陆，实施迂回攻击。

上午 10 时，英军登陆部队占领第一道横向山岭，架设 3 门野战炮，在舰炮的配合下，压制住沙角山上清军小炮台的火力。英军地面部队，乘势先攻占沙角山上的小

沙角之战



炮台，占据后山，随即向山谷清军军营进攻。山谷清军军营失守之后，守军全部退入炮台，继续抵抗。这个时候，英军增援的 4 艘武装轮船，已经全部进入沙角炮台的正面，和“加略普”号等 3 舰，一起对沙角炮台进行轰击。炮台守军此时此刻已经完全无法抵抗英军凶猛的炮火，兵丁死伤过半。英军进而从侧后进攻沙角炮台。守台副将陈连升，在孤立无援的危急关头，指挥守台的 600 名官兵殊死阻击，引爆先前铺设的地雷，并用大炮多次打退英军的进攻。

经过一天的浴血奋战之后，因寡不敌众和腹背受敌，沙角炮台于下午 5 时陷落。身先士卒、老当益壮的副将陈连升，在战斗中不幸中弹为国捐躯。

当局势十分危急的时候，陈连升让其子陈长鹏携带关防回营。陈长鹏誓死不从，坚决要和父亲共赴国难，最终跳海自尽。此次战役，清军阵亡 277 人，伤重而死 5 人，受伤 462 人，是鸦片战争中清军抗战极其惨烈的战斗之一。

节兵义坟是鸦片战争时期沙角之战中牺牲的 75 位外地籍清军勇士的合葬墓。该墓位于广东省东莞市虎门镇沙角社区百草山，始建于 1843 年，其后又于 1964 年和 1971 年两次重修，占地面积约 306 平方米。坟头平面呈半圆形，中间立有一墓碑，上刻“节兵义坟”四个字，上款刻“道光二十三年六月吉日立”，下款刻“节兵七十五位合葬”。

节兵义坟碑

沙角炮台的统领副将陈连升，湖北恩施人，是关天培亲手提拔的广东水师杰出将领，他和广东水师沙角炮台、大角炮台的守军们，在这次战役中，表现出来的勇敢、顽强以及高昂的士气和不怕死的牺牲精神，让对手英军都充满敬意。

参加过这次战斗的英国人伯纳德在《“复仇神”号航行作战记》中记录：“凡目睹过中国人在交战中所经常表现出来的个人英勇事迹的人，不管这种无畏是出于勇气，还是出于绝望，都不会把中国人当懦夫看待。”

由于广东水师舰船被英军摧毁，没有了制海权，当时在靖远炮台的关天培，虽然距离沙角炮台和大角炮台只有几千米，却也不得不眼睁睁地看着手下的部队被英军消灭而无可奈何。

沙角、大角之战 7 天后，清军战败的消息传到了北京，道光皇帝一方面重新对英宣战，一方面又以“平时督率无方，临时又仓皇失措”的罪名，革去了关天培的顶戴，命令他“戴罪立功”。

### 小贴士

**顶戴**：清朝用来区别官员品级的帽饰。以红宝石为最高，其下依次为珊瑚、蓝宝石、青宝石、水晶等，官员革职或者降职时，即摘去官帽上的帽饰顶子。

沙角、大角战后，英军舰队溯江而上，继续进逼虎门第二重门户，局势进一步恶化。英军攻破沙角、大角炮台，等于是将号称“金锁铜关”的虎门防线，撕开了一个大口子，打破了虎门炮台坚不可摧的神话。再加上朝廷对关天培的处分，这些都极大地影响了广东水师的士气。

水师中开始出现畏战的情绪气氛，甚至有部分兵丁聚众索要赏钱，否则就要罢战。面对这种情况，倘若是战前，关天培早就铁腕军法处置了。可是，现在是大兵压境、兵临城下。在这危急关头，来硬的恐怕会有兵变之祸。此时此刻的关天培，为了鼓舞士气，将自己身上所有的存款全部拿出，甚至还典了自己的衣服，给各个士兵发放银两，当作鼓励。这就是《清史稿·关天培传》所说的“天培度众寡不敌，乃决以死守，出私财饷将士”。

1841 年 1 月 8 日，英军又发出了扩大战争的信号，派人给关天培送去了照会，并提出五项停战条件，限三日内答复。关天培为了争取重整时间，修复武备，采用了缓兵之计。他不去正面回答这些条件，只在 1 月 10 日回复义律、伯麦说，这事归两广总督琦善管，所以，需要与其“往还酌商”，三日期限肯定来不及，要求英方等待，并提出“可否再为商议”，同时含混地许诺“缓商办理，未有不成之事”。

英方以为，关天培已经允诺了“彼此不应再做武备”这一停战条件。而实际上，在这争分夺秒的几天里，关天培根据沙角之战暴露出的清军炮台侧后往往布防空虚的问题，开始修建一座安炮 80 门的隐蔽式炮台，以防英军故技重施，并紧急调用沙袋，搭建临时性炮台，又在各处炮台的侧后，添派兵勇，准备与抄袭后路的英军登陆部队作战。英军见此情景，便于 1 月 11 日和 13 日，两次照会关



### 小贴士

**照会**：近代以来，一国政府就有关事项行文通知另一国政府，泛指外交往来的书信文件等，是对外交涉和礼仪往来的一种重要方式。照会的内容及使用体现国家立场，涉及国家关系，必须慎重对待，及时处理。道光十八年(1838)马他仑率舰队来华时，曾致两广总督卢坤书函，其中便出现“照会”字样，因该文书不符合清朝的文书体制，卢坤未予答复，只是让关天培以“告知”形式复函，其中说道：“英方忽改旧章，不用禀字，改用书信。总督大人是以不肯违例接收。未知义律曾将禀字一层告知贵总领否？”反映了当时清朝上下以天朝上国自居，不懂得当时世界外交的规则。

天培，要求对此做出解释，否则立即动武。关天培继续采用拖延对策，加紧增兵添防工作。在短短的几十天内，共集结兵勇 8500 人，火炮 377 门，远远超过了以前的数量。

## 三、英雄殉国

1841 年 2 月 23 日，以“复仇神”号为首的一队英国小艇前往三门水道侦察那里的通航情况。正在那里干活的清朝战船和民夫一炮不发就丢下工具和材料逃走了。英军占领了清军炮台，并用清军的火药把炮台和 20 尊大炮炸毁了。三门水道的堵塞物也被英军用缴获的清军火药炸掉了。航道开辟完毕之后，“复仇神”号带着数条附属小艇进入三门水道向东北方向行驶，试探该处的清军兵力，武山军营的清军发炮攻击，但不是因为距离过远无法打穿英舰船壳，就是因为射技不精炮弹全掉落到水里。“复仇神”号伴随着清军的炮声在三门水道转了一圈后，返回主力舰队的泊点。第二天，“复仇神”号等船再次进入水道，拆除阻塞河道的各种设施。24 日，英军向关天培发出最后通牒，要求清军撤离，并将阵地交给英军把守。

对此无理要求，关天培没有给予回复。25 日，英

“复仇神”号炮击中国水师船

军开始行动，空前规模的大战在关天培重点设防的第二道防线展开。26 日，英军潮水般涌入炮台，关天培决心战斗到最后一刻，以死报国。

他身先士卒，在靖远炮台指挥水师拼死抵抗，眼看着炮台行将陷落，关天培亲自燃放 8000 斤大炮，轰击英舰。因为军事武器的低劣和英军进攻的猛烈，关天培浑身上下重创数十处。他自知大势已去,回天无力,便急忙委派家丁孙立,把他的广东水师提督印信送走。孙立跑出去没多远,回头去看关天培的时候,关天培已经倒地身亡了。和关天培并肩作战、血战到底的麦廷章,也同时牺牲。

下午5时,战斗全部结束。英军攻占了虎门炮台,随即炸毁了虎门炮台中的主要炮台。关天培和他苦心经营6年的虎门要塞,被英军拿下并破坏。

在《清史稿·关天培传》中,是这样记载的:

> 炮门透水不得发,敌自台后攒击,身被数十创。事急,以印投仆孙长庆,令去,行未远,回顾天培已殒绝于地,廷章亦同死,炮台遂陷。长庆缒崖出,缴印于总督,复往寻天培尸,半体焦焉,负以出。

孙长庆就是一直跟随关天培的家仆孙立。孙立抓着关天培的衣服不松手,关天培只好愤怒地拔刀赶他走,说:"我对上辜负皇上,对下辜负老母,这时候死已经算晚了。你不走,我现在就杀了你!"孙立这才号啕大哭,带着官印下山。

孙立靠着布绳索,从山崖上滑下,脱险后把印信拿给总督。忠心耿耿的他，又冒着生命危险，赶回到被英军占领的炮台，去寻找关天培的尸体。经过和英国人交涉，最终翻遍了几十具阵亡将士的尸体，才辨认出了关天培的遗体。这只剩下一半的烧焦的身体，在孙立的背负之下，才被带了回去。

清人丁晏在《诰授振威将军广东全省水师提督关忠节公传》一文中，记载得更详细：

> 守台仅羸兵二百，公自度众寡不敌，且藩篱既撤，孤力无援，乃决为死计。昼夜驻炮台督战，创痕遍体，血濡衣襟。会事急，公顾其仆孙立使去。仆徘回不忍决，公以刃逐之。曰："吾上不能报天恩，下不能养老母，死有余恨。汝归告吾妻子，但能孝事吾亲，吾目瞑矣！"仆遂奔，至山半，回首视公，已为飞炮所中，陨绝于地。时辛丑二月初六日。仆以印送抚军，复返至炮台，求得公尸负以归，辫发已割，左腕刀伤，身受炮火，焦烂无完肤。

这里，关天培说的是："我上不能报答皇上恩德，下不能奉养老母，死了也心有不甘。你回去告诉我的老婆儿子，只要能孝敬我的老母亲，我就能闭上眼了！"

丁晏还有《义仆孙立传》一文，其中记载的具体情节，和《诰授振威将军广东全省水师提督关忠节公传》一文稍有出入。

公守靖远炮台，立负印从。自卯至申，决战死伤相属。公血染衣甲，顾立取印，使奔。立恸哭，愿从死。公挥刃逐之曰："汝不以印信为重？汝负吾矣！"语毕，飞炮中公，陨绝于地，立乃由山后颠隮下。山势斗绝，多荆棘，立受重伤，卒以印畀中军，送制府署。而身至炮台，求公尸。时夷人严兵环守，立邀通事吴某，以情告，夷人义而许之。吴某者，先事获重罪，公捕得之，宥弗杀，今得藉以报公者也。立登台负尸，钹交于胸，膝行而出。会炮发如震霆，立语通事曰："既许我矣，又轰击我何也？"吴某曰："此夷人重公节，以炮送之。"今大臣林文忠公挽联云"闻异类亦钦伟节"，纪实事也。方立求公尸，见游击麦廷章半体，立曰："是吾主之友也。"并求得之，负以归。立护公丧回淮，既葬数月，忽病，谓其妻曰："吾主来召我矣。"遂卒。

据《义仆孙立传》，当时孙立是想和关天培共患难、同生死的，只是关天培拔刀赶他走，说："你难道不以朝廷印信为重？你辜负了我啊！"

话音刚落，一发炮弹便击中了关天培，关天培壮烈牺牲。孙立从山后逃了下去。因为山势陡峭凶险，到处是荆棘，所以孙立也身受重伤。但最后，孙立还是把印信交还给了军中。

然后，孙立又跑回炮台，搜寻关天培的尸体。当时，英军严兵防守炮台，将炮台包围得水泄不通。无奈之下，孙立找到了翻译吴某，让他把这实情告诉英军。英人获悉之后，觉得孙立是个重情重义的家仆，被他的大义精神感动，答应了让他进来。

这个翻译吴某，起先因为犯事被处以重罪。关天培捕获他之后，对他宽大处理，没有杀他。所以，后来也正好得此机会，回报关天培。

孙立登上炮台，背负关天培的尸体，突然炮声齐发，震如雷霆。孙立以为是英军又要对他开火，便对吴某说："既然已经准许我进来了，又开炮轰击我，这是干啥呢？"翻译吴某说："这是英人敬重关天培的气节，以鸣炮礼恭送他。"

后来林则徐给关天培写的挽联说，"闻异类亦钦伟节"，意思是听说当时的英人也都钦佩关天培的雄伟气节。这并不是虚无夸张，而是写下了当时的事实，如英国人所说，“向一个勇敢的仇敌表示尊敬”。并且，当孙立寻求关天培的尸体时，又看见同样壮烈殉国的麦廷章的一半身体。孙立说：“这是我的主人关天培的朋友。”一并请求带着背了回去。孙立护送关天培遗体，回到淮安埋葬数月之后，忽然病了，他对妻子说：“我的主人来召唤我了。”不久之后，孙立也去世了。

丁晏说，孙立护送关天培灵柩北上回到淮安，他当时才 30 多岁，强壮有力、能吃能干，每次看见丁晏，说到关天培的事必定痛哭流涕。丁晏对孙立非常敬佩，没想到孙立会这么快就死去了。

丁晏认为，自从英人入侵以来，逃窜的家丁仆人数不胜数，像孙立这样的义仆实在难得。

虽然孙立目不识丁，但他的所作所为正是儒家“仁义礼智信”理念的体现。正是因为孙立的义举，才有关天培和麦廷章的忠魂还乡、入土为安。同时，也正是因为有了丁晏的这篇《义仆孙立传》，我们才能够知道这一切，孙立，一个古代社会卑微的家仆，才能够在历史上留名。

关天培是鸦片战争中壮烈牺牲的第一位清军高级将领，清政府给他的谥号是“忠节”。

### 小贴士

**谥号**：中国古代社会皇帝和大臣死后，人们对其生平事迹、是非功过进行评判后给予的褒贬称号，始于西周。字数长短不定，堪称一个人一生的高度概括。

丁晏的《诰授振威将军广东全省水师提督关忠节公传》中有："及其临终，拳拳以君亲为念。公之至性过人，从容就义，其平日之所守可知矣。"就是说关天培临终前，念念不忘君亲，性情过人，从容就义，平日里的操守也就更可想而知了。噩耗传来后，当时被免职在广州的林则徐，悲痛地写下："六载固金汤，问何人忽坏长城，孤注空教躬尽瘁；双忠同坎壈，闻异类亦钦伟节，归魂相送面如生。"

### 小贴士

**双忠、坎壈**：林则徐挽联中的"双忠"，是指关天培、麦廷章两人。坎壈，中国古代挖地为坎，垒木为壈，坎用来祭祀寒、月等神，壈用来祭祀暑、日等神。这里代用为祭祀意。

# 第六章　忠孝节义垂汗青



## 一、家国情怀，忠孝两全

关天培是典型的中国古代仁人志士，他忠君爱国、舍生取义，他的一生是中国人推崇的“家国情怀，忠孝节义”的鲜明体现。他在“国”的层面精忠报国，他在“家”的层面大孝尊亲。

道光初年，关天培的父亲关自明病逝，他把老母亲吴太夫人接到崇明衙署居住。道光十四年(1834)秋，关天培升任广东水师提督，镇守清朝的南大门。他自然是想把老母亲吴太夫人带在身边尽孝照顾，奈何老母亲年纪太大不便远行，他遵从老母亲的意愿，将其送回淮安老家安养。在献给老母亲吴太夫人八十大寿的《延龄瑞菊图》的自述中，关天培详细讲了这件事。

> 道光甲午秋九月，培奉天子命驰驿来粤，提督海

上诸军。当斯时也，培迎养老母吴太夫人在苏松镇署，获闻恩旨，即谕培曰：尔年力强壮，正当图报圣恩之时，将来建功立业，遂汝素志，即此足以显亲。闻得岭南瘴疠途遥，往来不能便自便，我年近八旬，不堪跋涉，着长孙奎龙送我回淮，汝携眷速赴新任，移忠作孝，不必分心以母老为念，云云。培再四苦求，奈慈心已定，难以挽回，不得已，令长子奎龙、次子从龙偕妻女辈伺母回乡，尽心代培奉养。十月朔，舟次姑苏，培忍泪叩辞，只身赴粤莅任。后虽禀叩长通，究不获晨昏定省。惟公务无分巨细，事事尽心，以遵慈训，报慰母怀耳。



### 小贴士

**晨昏定省**：出自儒家经典著作《礼记》第一篇《曲礼上》，“凡为人子之礼：冬温而夏凊，昏定而晨省”。意思是为人子女孝敬父母的礼节，冬天要让父母温暖，夏天要让父母清凉，早晨起来后看望父母问好，晚上睡觉前侍奉父母入睡。后来用“晨昏定省”指代日常生活照顾父母。

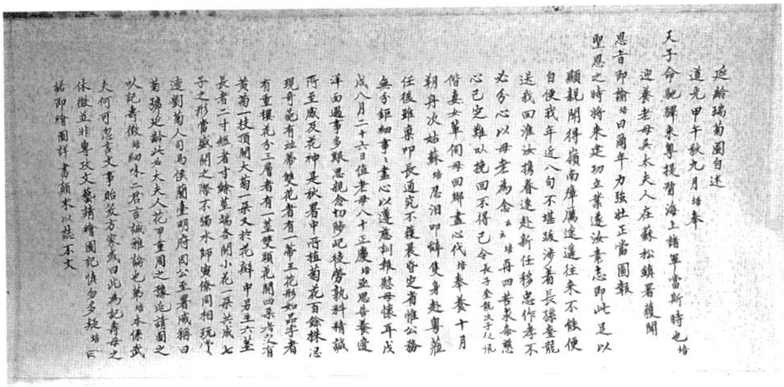

关天培的自述

从这段文字中，我们可以得知以下信息。

第一，关天培老母亲吴太夫人的殷切嘱托。吴太夫人说："你现在年轻力壮，正是发愤图强、报答皇帝圣恩的时候，将来建功立业，实现你一直以来的报国志向，便就足以光宗耀祖、彰显父母亲了。我听说岭南地势卑湿，瘟疫多有，加上路途遥远，往来也不方便，我年近八旬了，受不了长途跋涉，你让长孙奎龙送我回淮安吧，你携带家眷赶快去奔赴新任，把对国家的尽忠当作对我的尽孝，不必分心以老母我为挂念。"

《孝经》里有"移孝作忠"一说，是指把对父母亲的尽孝，提升到为国家尽忠的宏观层面，关天培母亲吴太夫人这里说"移忠作孝"，等于是做了一个反向转化，把为国家的尽忠，转变为对父母亲的尽孝。这也可见，关天培母亲吴太夫人的深明大义、贤淑通达。关天培之所以能够成为忠孝两全的民族英雄，是和母亲吴太夫人的谆谆教诲密不可分的。

第二，尽管关天培再三恳请，苦苦哀求，奈何老母亲吴太夫人心意已定，不得已之下，关天培让长子关奎龙、次子关从龙，携带妻儿老小，护送老母亲吴太夫人回到家乡淮安，尽心尽力代替他奉养尽孝。关天培则只身一人，前往广东赴任，后来虽然经常写信问候老母亲，却终究不能够晨昏定省，只有在公务上事无巨细、事必躬亲、尽心尽责，以遵从老母亲的殷切嘱托，报答安慰老母亲。

自述中还记载，关天培急切地想要告老还乡，奉养老母亲，可正赶上当时虎门军事形势紧张，他想要告老还乡、奉养老母亲的计划只能暂时搁置。不料自己的一片孝心感动了“花神”，在这秋天时节，官署中所种植的 100 多棵菊花，忽然怒放，争奇斗艳。正当这菊花盛开之际，

《延龄瑞菊图》

有两位朋友因公务来到官署，都说：“这一定是太夫人长命百岁的预兆，你一定要把它画下来并记录这一征兆。”关天培仔细琢磨了两位朋友的这一番话，觉得言之有理，只不过他认为自己是一介武夫，若挥毫泼墨，岂不让内行人笑话？针对关天培的这一顾虑，有的人说：“你这是记载为母祝寿的美好征兆，并非专门附庸风雅，你就把它画下来记载吧，不用有什么犹疑顾虑了。”关天培这才答应，特意请广东名画家何翀绘制了一幅《延龄瑞菊图》，以此为母亲祝寿，并记述了这些情况。

《延龄瑞菊图》上，除了关天培的这篇颇具史料价值的自述外，更有林则徐、邓廷桢各自题诗一首。

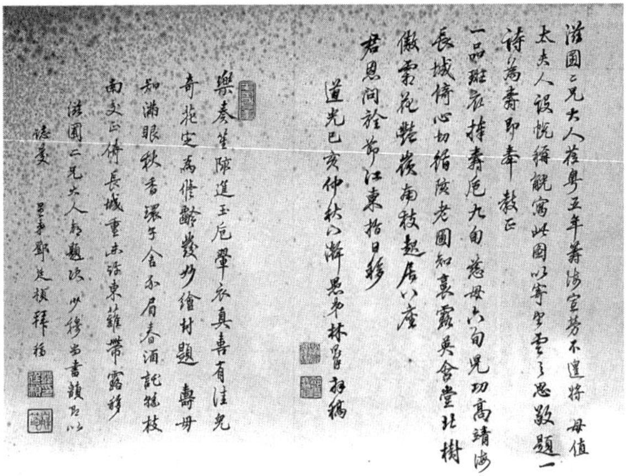

林则徐、邓廷桢的题诗

林则徐题诗中称赞关天培“一品斑衣捧寿卮，九旬慈母六旬儿。功高靖海长城倚，心切循陔老圃知”，意思是说关天培劳苦功高，是虎门的防卫长城，给了关天培很高的评价。邓廷桢在诗中也是如此夸赞关天培的，表达了对关天培的信任和器重。

沙角、大角战后，关天培做好了以身殉国的准备，他把自己脱落的几颗牙齿和几套旧官服，放在一个木匣子里，让一个士兵送回淮安老家，告诉家人不要打开。这也就是《同治山阳县志》所记载的，“乃缄一箧寄家人，坚不可开，死后启视，则坠齿数枚，旧衣数袭而已”。

关天培的这一举动，有什么讲究呢？实际上，这是关天培对自己身后事的简单交代，没有什么可以留给家人的，只有自己的几套旧官服给家人留作纪念。至于他自己脱落的几颗牙齿给家人，是因为中国人讲究“落叶归根”，人死后要埋葬到家乡故土“入土为安”，而生前脱落的牙齿，也会随主人下葬。

## 二、关天培的身后名

关天培是不幸的。因为他处在那个腐朽没落的旧王朝末期。不论他怎样努力，怎么兢兢业业，也无法挽狂澜于既倒。即使献出生命，也无法拯救国家免遭外来者的凌辱。

近代以来，战争是综合国力的较量，并不因为正义之所在，而有丝毫的偏袒。第一次鸦片战争虎门海战失败的主要原因，就是中英两国之间整体实力的差距。因此，无论换上任何一个当时清朝的名将，也无论他个人怎么抗争，都改变不了最终战败的悲惨命运。

关天培一生的贡献，首先是南粮北调的海上漕运，并由此引起了朝廷的注意和重用；其次是驻守广东虎门。

道光十四年（1834）年底，关天培肩负道光帝的重托来到广东，整治广东水师、建设金锁铜关、查禁鸦片贩运、组织虎门销烟、抗击外来入侵，最终在沙场上慷慨献身，为中华民族反抗外来侵略做出了重大贡献。

虎门之战

当时任钦差大臣、两广总督琦善，把虎门失守、关天培阵亡的情况上奏到朝廷后，道光帝看到奏折，气愤地在所报奏折上朱批："连伤我提镇大员，可恨之处不胜发指。"表达了他对英军入侵的愤恨之情。

关天培牺牲后，道光帝下谕："广东虎门失守，提督关天培阵亡，着加恩照例赐恤。除赏给银两，准予世职外，着该督抚查明伊子孙几人，均于服阕后送部带领引见，候朕施恩。该员统领士卒，为国捐躯，均堪悯恻。着该督抚，即在遇害地方，建立专祠，以慰忠魂。该提督灵榇回籍，饬知沿途地方官，妥为护送。"这里的"服阕"是指中国古代社会守孝期满解除丧服，"阕"是"终了"的意思。这年闰三月，赐谥"忠节"，入祀昭忠祠。

道光二十一年(1841)三月，漕运总督朱澍、淮安知府恩龄和关天培家乡淮安耆宿、著名经学家丁晏，共同主持了隆重的迎柩、安葬仪式。出葬的那天，"士大夫数百人缟衣迎迓道旁，观者咸哭失声"。由朱澍带头，人们在墓台四周种下了62棵青松，象征着关天培壮烈殉国时的年龄。

道光二十一年(1841)五月，道光帝命翰林院御制祭文，祭奠关天培，其中有"早选戎行，深娴韬略""茂著战功，特加勇号""果毅之材""忠贞之彦""执干戈以卫社稷"

“临难不渝乎大节”“遽惊大树之倾”“顿失长城之寄”“未酬壮志”“可慰忠魂”等内容，简要地记述并表彰了关天培可歌可泣的一生。对于年迈的吴太夫人，“命地方官存问，给银米以养余年。子从龙袭世职，官安徽候补同知”。

当时在虎门和淮安，各建有一个关天培祠。

虎门的关天培祠建于道光二十二年(1842)，是典型的岭南祠堂建筑。

该祠在1930年曾经大修过，整修后的祠堂，正门有“关公天培祠”匾额，长方形，石质，宽139厘米，高50.8厘米，厚5厘米，匾额上刻制时间“民国十九年”，落款为“陈庆云”。

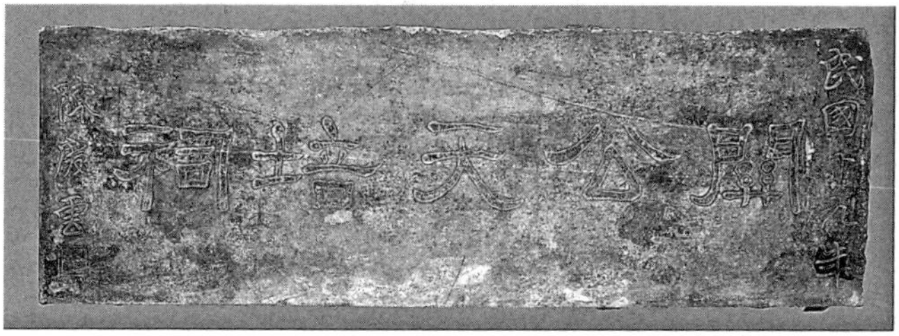

“关公天培祠”石匾

遗憾的是，虎门的关天培祠，已经毁于抗日战争时期，现仅存石匾于广东鸦片战争博物馆。

今天，在关天培呕心沥血建设和慷慨就义的虎门炮台，不但建有他的塑像，还有专门的陈列展览，展示他的历史功绩。

淮安的关天培祠至今还在。这个祠堂是在道光二十三年(1843)，由关天培之子关从龙，遵其祖母吴太夫人遗嘱，用朝廷所发抚恤金和从亲友等处筹借的资金建成的，名叫关忠节公祠。

淮安的关天培祠

关忠节公祠内，西边有厢房 6 间，东边有厢房 3 间、厨房 1 间。在门厅东侧，有一个偏门，平时由此出入。东厢房前，有一个御碑亭。祠堂庭院的北边是 3 间大殿，门厅上有 3 块匾额，中间的是“关忠节公祠”，左边的是“法福灵阿巴图鲁”，右边的是“敕封振威将军”。

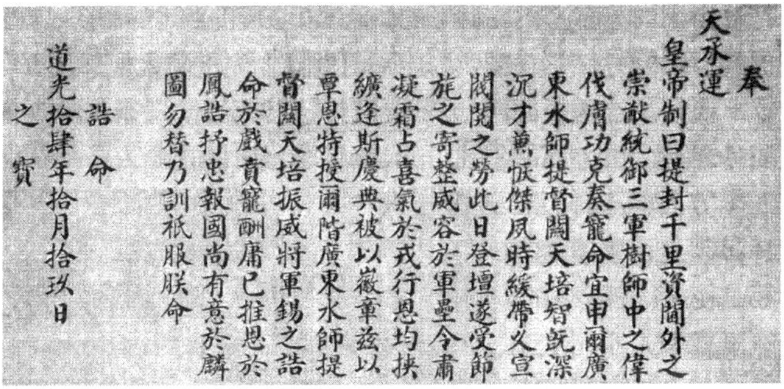

奉
天承運
皇帝制曰提封千里資閫外之
崇勳統御三軍樹師中之偉
伐膚功克奏寵命宜申爾廣
東水師提督關天培智既深
沉才兼忼傑夙時綏帶久宣
閫閱之勞此日登壇遂受節
旄之寄整威容於軍壘令肅
凝霜占喜氣於戎行恩均挟
纊逢斯慶典被以崴章兹以
覃恩特授爾階廣東水師提
督關天培振威將軍錫之誥
命於戲責寵酬庸已推恩於
夙誥抒忠報國尚有意於麟
圖勿替乃訓祇服朕命
誥命
道光拾肆年拾月拾玖日
之寶

授关天培振威将军的圣旨

进入大殿，正中是神台，神台上有关天培官服塑像，神采奕奕，威风凛凛。塑像上方梁上，有道光二十一年(1841)御书匾额一块，上书“为国捐躯”四字，还有一块匾额，上书“威震华夷”四字。旁边，是两个侍从塑像，一个侍从手持宝剑，一个侍从手托兵书。房前两侧则悬挂着林则徐的那副著名挽联，只不过，其中原来的“何人”被改为“何时”。据说这是因为关氏后裔在建关忠节公祠、制作此联悬挂于祠堂中时，为了避免不必要的麻烦，就请当时淮安的大书法家周木斋，在重新书写林则徐的这一挽联时，策略地把“何人”改成“何时”。现在悬挂在关忠节公祠里的林则徐挽联，就是修改后的。

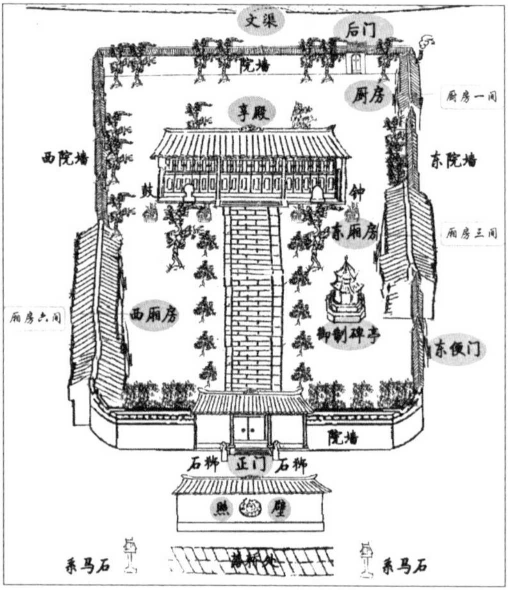


关忠节公祠平面图

关天培墓也在淮安。墓基是水泥、块石结构的建筑，直径约 25 米，周长约 18 米，高约 1.8 米，占地约 500 平方米。白色墓碑和碑座高 1.6 米，宽 0.4 米，正面雕刻着“关忠节公天培之墓”8 个字，背面则有 1963 年 4 月 10 日刻的《民族英雄关天培公墓重修记》。墓向朝东，墓旁流水潺潺，松柏参天。

1982 年，关天培墓和关忠节公祠，被江苏省公布为省级文物保护单位。一直到今天，关天培墓和关忠节公祠

关天培墓



都是淮安乃至全国进行爱国主义教育的重要场所、著名基地，常年有人来此祭拜，表达他们对关天培的景仰之情。

在本书的最后，让我们把视角，再次回到关天培漕粮海运。

《同治山阳县志》记载：

初，天培之以海运入都也，时从故人饮酒肆中，醉而言曰："日者谓吾禄命，生当扬威，死当血食。今吾年四十余，安有是哉！"已而叹曰："丈夫受国恩，有急死耳，终不为妻子计！"

这段记载，一字不差地出现于《光绪淮安府志》。据此，当初关天培护送海运漕粮入京后，曾经和老朋友在酒馆里喝酒，醉后说："算命的人说我的命运生前扬威、死后血食。现在我都四十多岁了，哪有他说的这样啊！"一会儿又感叹道："大丈夫蒙受国恩，有什么危急危难，必须以死相报，不能因顾虑自己的老婆孩子而贪生怕死！"

关天培所说的在酒馆里喝酒的这个老朋友，其实就是丁晏。

丁晏的《诰授振威将军广东全省水师提督关忠节公传》一文最后记载：

> 余与公同乡，又托交契。癸未，余入都，会公升参将入觐，同舍居月余。酒酣耳热，纵谈常至夜分。公自述星家言："星家谓，生当扬威，死当血食，然六十当有大难，岂果然乎？"座客劝其届六旬即乞休，公慨然曰："吾以兵丁起家微贱，仰荷天子厚恩，擢任大员，终不忍归老江湖，吾当以死报国矣！"余韪其言而壮之，故公之守台攻陷，余决其必死，已而果然。听其言而信其人，于禄命何与哉！

丁晏说，他和关天培是同乡，又有着很好的交谊。当年和关天培在京住在一起一个多月，酒酣耳热之时，常常畅谈到深夜。关天培自己说，算命的人曾和他讲过："生当扬威，死当血食，但是六十岁会有大难，难道会是真的吗？"当时在座的宾客友朋们，都劝关天培快到六十岁的时候就向朝廷请求退休，关天培慷慨激昂地说："我以前是一个普通的兵丁，起身发家于微贱，仰赖天子厚恩，提升任命我为大官，我不忍心就这么碌碌无为告老江湖，我要以死报国！"丁晏听了关天培这一番话，深以为然，对关天培充满了敬意。因此，当虎门炮台被英军攻陷的时候，获悉消息的丁晏便预感，关天培一定会以死报国，不久果然就证实了。丁晏说，他对关天培是"听其言而信其人"，也就是听关天培怎么说也就相信关天培会怎么做，这是关天培知行合一的真性情。

"甚矣，虎门之败也。悲夫，可为流涕者矣！"这是清人鲁一同《关忠节公家传》一文最后的感叹。关天培永远地长眠于家乡淮安了。他的英灵，将与中华大地永存永在，缅怀他、纪念他，传承发扬他的家国情怀、爱国精神，就是我们这些后来人对他最好的纪念。

# 参考书目

1. 清史稿·关天培传[M]. 北京:中华书局,1977.

2. 关天培. 筹海初集[M]. 哈尔滨:黑龙江教育出版社,2016.

3. 淮安市政协文史委. 民族英雄关天培[M]. 北京:中国文史出版社,2013.

4. 黄利平. 关天培[M]. 广州:广东人民出版社,2008.

5. 中国第一历史档案馆. 鸦片战争档案史料[M]. 天津:天津古籍出版社,1992.

6. 中山大学历史系中国近代现代史教研组、研究室. 林则徐集[M]. 北京:中华书局,1965.

7. 丁名楠. 帝国主义侵华史[M]. 北京:人民出版社,1992.

8. 张馨保. 林钦差与鸦片战争[M]. 福州:福建人民出版社,1989.

9. 胡滨. 英国档案有关鸦片战争资料选译[M]. 北京:中华书局,1993.

10. 马士.中华帝国对外关系史[M].上海:上海书店出版社,2000.

11. 萧致治.鸦片战争史[M].福州:福建人民出版社,1996.

12. 茅海建.天朝的崩溃——鸦片战争再研究[M].上海:生活·读书·新知三联书店,2005.